Lieblingsplätze

ENGADIN

Lieblingsplätze

ENGADIN

GMEINER

DANIEL BADRAUN / ROLF CANAL

Dank an
Rolf Canal für die stets unkomplizierte und professionelle Zusammenarbeit. Daniela Tuena Badraun, Barbara Tuena Giovanoli und Marcello Giovanoli, die mich auf meinen Wanderungen und Entdeckungsreisen begleitet und mich beständig unterstützt haben, Filip Zuan für sein Bild sowie Madeleine Papst von Engadin Scuol-Zernez und Maite Werder von Engadin St. Moritz Tourismus AG für die wertvolle Hilfe.

Meinen Eltern gewidmet

Autor und Verlag haben alle Informationen geprüft. Gleichwohl wissen wir, dass sich Gegebenheiten im Verlauf der Zeit ändern, daher erfolgen alle Angaben ohne Gewähr. Sollten Sie Feedback haben, bitte schreiben Sie uns! Über Ihre Rückmeldung zum Buch freuen sich Autor und Verlag: lieblingsplaetze@gmeiner-verlag.de

Sofern nicht im Folgenden gelistet, stammen alle Bilder von Rolf Canal:
Engadin St. Moritz Tourismus AG/Filip Zuan 46; Buttega (Scuol) 156; Andrea Badrutt (Chur) 158

QR-Code einscannen und kostenloses E-Book anfordern.

Besuchen Sie uns im Internet:
www.gmeiner-verlag.de

1., aktualisierte Neuauflage 2021

Im Ehnried 5, 88605 Messkirch
Telefon 07575/2095-0
info@gmeiner-verlag.de

Lektorat/Redaktion: Ricarda Dück
Herstellung: Julia Franze
Umschlaggestaltung/Bildbearbeitung: Susanne Lutz
unter Verwendung der Illustrationen von © stock.adobe.com, kovaricekpavel, sila5775, SimpLine, IconWeb, VRD, nicknik93759375e, © woravit_worapani – istockphoto.com; © Benjamin Arnold, © Katrin Lahmer
Kartendesign: Mirjam Hecht
Druck: AZ Druck und Datentechnik GmbH, Kempten
Printed in Germany
ISBN 978-3-8392-2616-2

VON SAMEDAN BIS INS PUSCHLAV

VON BEVER BIS S-CHANF

VOM VAL MÜSTAIR BIS FTAN

RUND UM SCUOL

INCRESCHANTÜM – HEIMWEH

Eine Art Liebeserklärung

Einhundert Strassenkilometer liegen zwischen Maloja am Anfang des Oberengadins und Vinadi am Ende des Unterengadins. Es ist ein Tal voller Gegensätze, in dem sich unberührte Natur und pulsierendes Leben nur wenige Kilometer voneinander entfernt begegnen. Maloja liegt auf 1.815 Metern über Normalnull, Vinadi gerade noch auf 1.000 Metern. Während der ganzen Fahrt folgt man dem Inn – oder En, wie der Fluss auf Rätoromanisch heisst. Unterwegs sprechen die Leute Italienisch, Deutsch und Romanisch in den beiden Idiomen Putèr (Oberengadin) und Vallader (Unterengadin). Im Oberengadin überwiegen weite, von Gletschern geschaffene Ebenen und die grossen Seen. Sie werden überragt von den höchsten Gipfeln der Ostalpen. Im Unterengadin wird das Tal eng, der Fluss rauscht tief unten in seinem Bett, hier beeindrucken die Unterengadiner Dolomiten sowie die wilden Täler des Schweizerischen Nationalparks.

Das Engadin war eine wichtige Transitachse im Nord-Süd-Verkehr, die Pässe waren von erheblichem strategischem Wert. Römische Imperatoren und deutsche Kaiser samt Armeen mussten hier durch. Nicht immer kamen die Besucher in friedlicher Absicht. Die Dörfer im Unterengadin wurden mehrfach von fremden Truppen geplündert und gebrandschatzt. Verschiedene Burgen und Schlösser zeugen von einer kriegerischen Vergangenheit des Engadins, das ein fester Bestandteil des Freistaates der Drei Bünde war.

Im Hochtal des Inns gab es nicht immer genug Nahrung für alle Bewohner. Viele junge Engadiner sahen sich gezwungen, ihre Heimat zu verlassen. So kämpften in etlichen europäischen Kriegen Bündner Regimenter mit. Einen friedlicheren Weg der Emigration wählten die Cafétiers und Zuckerbäcker. Von Russland bis Spanien wurde in Bündner Konditoreien gutes Geld verdient und von den Rückkehrern oft in repräsentative Bauwerke investiert.

In der Pionierzeit des Tourismus entstanden grosse und prächtige Hotelbauten wie das Palace in Maloja, das Kulm in St. Moritz, der Kronenhof in Pontresina oder das Palace in Scuol, um nur einige zu nennen. Diverse Wirtschaftskrisen machten der Hotellerie stark zu schaffen, nicht alle Grandhotels können noch rentabel betrieben werden. In den letzten 40 Jahren veränderten sich die Ortsbilder stark. Gerade im Oberengadin entstanden viele neue Bauten mit wenig benutzten Zweitwohnungen, die das Landschaftsbild bis heute nicht immer vorteilhaft prägen.

Doch immer noch dominiert die Natur das Engadin. Viele Seitentäler bieten unberührte Landschaften, Ruhe und unzählige, unvergessliche Touren. Man muss nicht unbedingt im Viersternehaus logieren, es gibt preisgünstige Alternativen wie Jugendherbergen, Berghütten, Campingplätze sowie Ferienwohnungen. Wer es dennoch luxuriös mag, kommt hier im prickelnden Champagnerklima voll auf seine Kosten. Sehen und gesehen werden gilt vor allem in den Wintermonaten in den grösseren Kurorten des Oberengadins. In der kältesten Jahreszeit schwillt das Oberengadin zur Grossstadt an. Die Pisten sind gut genutzt und in den Restaurants, Clubs und Nobelboutiquen herrscht reges Treiben. Ganz anders ist es in den kleinen Dörfern mit den stolzen Engadiner Häusern. Hier hat man Zeit für einen Schwatz, sitzt gemütlich am Stammtisch in der Usteria und erzählt sich von der Jagd.

Trotz städtischem Flair darf man niemals vergessen, dass man hier in den Alpen ist. In den Bergen herrschen andere Verhältnisse als im Flachland. Das Wetter kann schnell umschlagen, auch im Sommer ist jederzeit Schneefall möglich. Eine gute Ausrüstung ist darum Pflicht, auch sollte man jede Tour gut planen und sich mit den Verhältnissen vertraut machen. Dann steht dem ungetrübten Naturerlebnis nichts im Wege.

VOM BERGELL BIS NACH SILS

1

Staumauer von Orden
Startpunkt: Parkplatz
Orden d'Ora
7516 Maloja

Lägh da Bitabergh/
Lägh da Cavloc
7516 Bregaglia
Fornohütte
7516 Maloja
0041 081 8243182
www.fornohuette.ch

ZWEI SEEN FÜR DIE SEELE

Von der Staumauer Orden zum Bitabergh- und Cavlocsee

Von Maloja aus folgt man der Passstrasse die erste Abzweigung links bis zum Parkplatz Orden d'Ora. Und dann kommt sie in unser Blickfeld, die mächtige Staumauer von Orden, geschmückt mit den farbigen Stelen des Bildhauers Arthur Honegger und erbaut, um das Bergell vor Überschwemmungen zu schützen. Es lohnt sich, den Weg über die Mauer zu nehmen. Rechts geht es steil hinunter nach Casaccia, links sanft ins Tal hinein bis zum Bildungszentrum Salecina. Auf den Stelen stellen sich dem Spaziergänger Sinnfragen. »Müssen Menschen Spuren hinterlassen?« oder »Verändert uns die Zeit, oder verändern uns Augenblicke?« Hat man den Steg überquert, schlängelt sich der Weg durch einen märchenhaften Wald, der für Familien einen Abenteuerparcours mit Hängebrücken und Kletterstellen bereithält und bis zum versteckt gelegenen Lägh da Bitabergh reicht.

Der Weg zum Lägh da Cavloc führt an der Bergflanke entlang, zu empfehlen ist ein kleiner Umweg mit kurzem Aufstieg zur Motta Salacina auf 2.105 Metern mit herrlicher Rundsicht. Im Gegensatz zum kleineren Lägh da Bitabergh, der versteckt in einer Schonung liegt, präsentiert sich das Gelände um den Lägh da Cavloc offen. Picknickplätze laden zur Rast ein und das Restaurant offeriert einheimische Spezialitäten.

Vom See aus kann man die Wanderung bis hinauf zur Fornohütte auf 2.574 Metern fortsetzen. Hier, im Fornogebiet, drehte Leni Riefenstahl mit Luis Trenker in der Hauptrolle den Film *Der heilige Berg*. Die Route führt gut gesichert über den Gletscher.

Auf dem Rückweg nach Maloja kommt man am Bildungszentrum Salecina vorbei. Lange Zeit galt das von Linksintellektuellen 1972 gegründete Zentrum als »verdächtig«. So sammelte der Staatsschutz im Kalten Krieg Daten über die Gäste aus der ganzen Welt. Heute ermöglicht sie auch Urlaubern mit kleinerem Geldbeutel ein paar Tage der Erholung im Engadin.

Im Sommer wird auf der Alp hinter dem See Ziegenkäse verschiedener Reifegrade verkauft. Bringen Sie Ihr Brot mit und geniessen Sie ein Picknick am See!

2

Isola am Silsersee
7516 Maloja
Startpunkt Wanderung:
Parkplatz Capolago/
Cadlägh
Capolago
7516 Maloja

Pensione Ristorante
Lagrev
Isola
7516 Maloja
0041 081 8243591
www.lagrev.ch

FAST EINE INSEL

Wanderung zum Weiler Isola

»Isola« heisst auf Italienisch »Insel«. Der Ort liegt auf einem Flussdelta auf der südlichen Seite des Silsersees. Die Wege zum Weiler sind von Sils und Maloja aus gut beschildert. Parkmöglichkeiten finden sich im Parkhaus Sils und in Maloja Capolago/Cadlägh.

Anfang Winter, wenn der See noch nicht zugefroren ist, ist der Weiler schwer erreichbar, fast wie ein Eiland. Wenn Ende Januar die Sonne den Weiler wieder erreicht, wird bei der Pension Lagrev die Terrasse geöffnet. Langläufer und Spaziergänger kommen über den See, gehen bei der nördlichen Spitze des Sasc da Corn, einem bewaldeten Hügel, an Land und folgen den Wegen über das Delta hinauf zum kleinen Ort. Bei Polenta und Nusstorte sitzt man draussen in der Wintersonne oder in der gemütlichen, kleinen Gaststube. Natürlich ist die Küche das ganze Jahr über empfehlenswert. Wer Isola im Sommer besucht, hat zwei Möglichkeiten. Entweder gemächlich auf der Fahrstrasse von Maloja her oder über die Ebene von Sils den Pfad am Hang entlang, mit herrlichem Blick auf den See. Geniesser lassen sich keinen der beiden Wege entgehen.

Zwischen Isola und Sils verläuft die Sprachgrenze. Sils ist Teil des rätoromanischen Sprachraums, Isola gehört mit Maloja zum italienischsprachigen Bergell. Noch bis weit ins 20. Jahrhundert hinein kamen die Bauern aus dem Südtal im Sommer mit ihren Tieren hinauf nach Isola, mähten die Wiesen und stellten Käse her, im Herbst wanderten sie zurück ins Bergell. In den Wintern, wenn der See zugefroren war, kamen die Männer mit den Tieren zurück und verfütterten das eingelagerte Heu.

Ein beeindruckendes Erlebnis – gerade für Kinder: die abendliche Rückkehr der Ziegenherde ins Dörfchen und wie die Tiere den steilen Hang oberhalb der Brücke meistern. Übrigens: Frischen Ziegenkäse bekommt man mitten im Dorf bei Familie Pedroni-Cadurisch.

Im Sommer ist ein Bad im See ein erquickendes Erlebnis. Geeignet ist das seichte Ufer gegen Maloja hin sowie die kleine Bucht rechts vom Sasc da Corn.

8

Leij da Lunghin
Starpunkt Wanderung:
Parkplatz Capolago/
Cadlägh
Capolago
7516 Maloja

Atelier Segantini
Via Giovanni Segantini 3
7516 Maloja
0041 79 442 27 23
www.segantini.org
0041 081 8243113

AN DER QUELLE DES INNS

Aufstieg zum Lunghinsee

Am Ortseingang von Maloja in Cadlägh gibt es einen Parkplatz, von wo aus der direkte Aufstieg hinauf zum Lägh da Lunghin beginnt. Eine steile und schweisstreibende Plackerei, die am besten frühmorgens in Angriff genommen werden sollte. Entschädigt wird man durch den Blick auf den Silsersee und hinein ins Tal der Orlegna auf der anderen Talseite. Der Lägh dal Lunghin, ein kleiner tiefblauer Bergsee, liegt gut geschützt zwischen steilen Bergflanken. Kühe weiden an seinem Ufer. Kaum vorstellbar, dass der leise murmelnde Bach 517 Kilometer weiter talwärts zum mächtigen Alpenfluss Inn heranwächst.

Auf der südlichen Seite des Sees geht es weiter aufwärts. Für trittsichere Berggänger sei die Route über den Grat zum Gipfel des Piz Lunghin empfohlen. Wenn man dem Tal hinauf zum Pass folgt, so überquert man Geröllfelder, die noch vor einigen Jahrzehnten vom nun weggeschmolzenen Gletscher bedeckt waren. Pionierpflanzen bilden Kissen und besiedeln den kargen Boden.

Auf dem Pass Lunghin befindet sich die einzige dreifache Wasserscheide der Alpen. Aus einem kleinen Becken fliesst Wasser nach Norden über Julia und Rhein in die Nordsee, nach Westen über Maira und Po in die Adria und nach Osten über den Inn und die Donau ins Schwarze Meer. Unter uns liegt der von den Römern rege benutzte Septimerpass, der vom Bergell nach Bivio führt.

Der Weg hinunter nach Maloja führt vorbei an den Wasserfällen des jungen Inns hinunter in den Ortsteil Pila. Hier wurden vom legendären Metzger Renato Giovanoli die weitum besten Würste hergestellt. Leider fand sich kein Nachfolger, der die Tradition weiterführen konnte. Zurück in Maloja lohnt es sich, dem Atelier Segantini einen Besuch abzustatten. Im Pavillon gibt es wechselnde Ausstellungen zum Werk von Giovanni und Gottardo Segantini.

Der *Sentiero Giovanni Segantini* umfasst Stationen wie Wohnhaus, Atelier, Entstehungsorte bekannter Bilder sowie das Grab des Malers auf dem Friedhof.

4

Der Turm Belvedere
ist Wahrzeichen am
Malojapass
Zwischen Chiavenna
und Maloja
www.bregaglia.ch

Hotel Bregaglia
7606 Promontogno
0041 081 8221777

STEIL NACH OBEN

Malojapass (1.815 Meter) ab Chiavenna

Vom italienischen Chiavenna, dem Grenzstädtchen mit mediterranem Flair, steigt das Gelände auf einer Strecke von 32 Kilometern Stufe für Stufe um 1.482 Höhenmeter an. Der einzige Pass endet auf 1.815 Metern in Maloja und verfügt über keine Abfahrt auf der Ostseite.

Bereits die Römer legten einen Saumweg an. Lange Zeit war die direkte Verbindung über den Septimerpass wichtiger, der auch von Karren befahren werden konnte. Ab dem 16. Jahrhundert gewann die Route an Bedeutung, im 19. Jahrhundert wurde dann eine Strasse erbaut, auf der ab 1846 eine Postkutsche zwischen Samedan und Chiavenna pendelte. Im 17. Jahrhundert planten die Habsburger den Bau eines Schifffahrtskanals von Wien nach Mailand über den Malojapass. Ebenfalls in der Projektierungsphase stecken geblieben ist das Vorhaben, eine Bahnlinie von St. Moritz hinunter nach Chiavenna zu bauen. Das Abschlussgleis beim Bahnhof St. Moritz erinnert daran.

Die mächtigen Häuser im Bergell zeugen vom Reichtum, den der Passverkehr mit sich brachte. Auch hatte das Tal eine grosse Bedeutung im Handel mit dem Veltlin. Mit Einsetzen des Alpentourismus wurde die Route durch das Bergell zum Hauptzubringer für Gäste aus Norditalien. Nach einer kurzen Blütezeit dämmerte das stolze Hotel Bregaglia in Promontogno über die Jahre dahin. Zum Glück, denn so fehlte das Geld für eine Renovierung. Das Bregaglia bietet Übernachtungen in den herrlich altmodischen Räumen und eine gute einheimische Küche.

Unterhalb der letzten Steigung liegt das Dörfchen Casaccia. Links oberhalb des Dorfes steht die Wallfahrtskirche San Gaudenzio, die im Zuge der Reformation 1551 entweiht wurde und deren Reliquien und Bilder im Fluss Orlegna landeten. Die Kirche – ohne Dach – ist bis heute ein ganz spezieller Ort der Stille geblieben.

Oben am Abhang steht der Belvedere-Turm. Er wurde von Graf Camille de Renesse als Residenz geplant und bietet eine fantastische Rundsicht.

5

Bergdorf Soglio
7610 Bregaglia

Hotel Palazzo Salis
7610 Soglio
0041 081 8221208
www.palazzo-salis.ch

IM SÜDEN ANGEKOMMEN

Ausflug ins Bergdorf Soglio

Soglio liegt auf einer Sonnenterrasse auf 1.090 Metern. Am äusseren Rand des Dorfes hoch über dem Tal steht ein mehrstöckiges Herrschaftshaus und die denkmalgeschützte Kirche aus dem Jahr 1354 mit angrenzendem Friedhof. Hier hat man eine einmalige Sicht auf die steilen Granitwände der Scioragruppe und auf den Bondascagletscher auf der anderen Talseite. Gleich hinter der Kirche beginnt ein Gewirr von gepflasterten Gassen, Häusern und Ställen. Gedeckte Brunnen, lauschige Plätze, von hohen Mauern eingefasste Gärten und die stattlichen Palazzi der Familie von Salis geben dem Bergdorf einen Hauch von Italianità, dem südlichen Lebensgefühl. Aus der Vogelperspektive sieht man, wie eng die mit Steinplatten gedeckten Häuser zusammengebaut sind.

Im Jahr 1630 erbaute Ritter Baptista von Salis seinen stattlichen Palazzo. Die Familie war durch fremde Kriegsdienste und lukrative Ämter in den Untertanengebieten im Veltlin zu Macht und Geld gekommen. Als durch die Neuordnung Europas 1797 das Veltlin und Chiavenna vom Freistaat der Drei Bünde abgetrennt wurde, verlor die Familie viel von ihrem Eigentum und verliess das Dorf. Seit über 100 Jahren ist der Palazzo Salis ein Hotel. Die Einrichtung aus vier Jahrhunderten sowie der Park mit den zwei Mammutbäumen machen den Palazzo einzigartig. Setzt man sich in den romantisch barocken Garten aus dem 17. Jahrhundert, fühlt man sich dem ehedem Inspiration suchenden Rainer Maria Rilke ganz nah.

Ein schöner mit Steinplatten belegter Weg führt erst über die Ebene hinter dem Dorf und dann durch einen der schönsten Kastanienwälder Europas hinunter nach Promontogno. Im Herbst werden die Früchte gesammelt und in die Cascinna gebracht, eine kleine Hütte im Wald, in der man sie über dem Feuer trocknet. Danach werden Säcke voller getrockneter Kastanien zum Schälen auf Holzblöcke geschlagen.

Ein kinderwagentauglicher Pfad oberhalb von Castasegna erzählt viel über die Geschichte und die Verwendung der Kastanie, die auch als Brot der Armen diente.

6

Bergsturz bei Bondo
Aussichtspunkt:
Hotel Bregaglia
Promontogno (Bondo)
7606 Bregaglia

Stazione die Servizio
Strada Cantonale 42
7608 Castasegna

WENN DIE LANDSCHAFT …

Bergsturz bei Bondo

Im italienischen Piuro gleich hinter der Grenze verschüttete um 1618 ein nächtlicher Bergsturz den gesamten Ort, es gab gegen 1.000 Todesopfer. Übrig geblieben ist der herrschaftliche Palazzo Vertemate Franchi am gegenüberliegenden Hang. Das Renaissancebauwerk ist ein absolutes Highlight auf dem Weg hinunter ins italienische Chiavenna (www.palazzovertemate.ch).

Fast 400 Jahre später kam es 2017 an der Nordflanke des Piz Cengalo zu einem vergleichbaren Felsabbruch. Bereits im Vorfeld stellten die Geologen erhöhte Steinsbewegungen fest, man glaubte allerdings, dass die instabile Flanke des Berges in kleinen Mengen abrutschen würde. Am 23. August kam es jedoch zu einem enormen Sturz mit vier Millionen Kubikmetern Gestein. Die Felsmassen fielen auf den darunterliegenden Gletscher hinab, die Energie brachte das Eis zum Schmelzen und die Mischung aus Geröll und Wasser raste talwärts. Die Mure füllte das Val Bondasca auf einer Breite von 100 Metern auf. Acht Berggänger, die im Tal unterwegs waren, kamen ums Leben. Dank einem Auffangbecken entstand im Dorf Bondo an Gebäuden und Fahrzeugen zwar Sachschaden, die Bewohner konnten sich jedoch in Sicherheit bringen. Die Kantonsstrasse wurde hingegen stark beschädigt und war längere Zeit gesperrt.

Einen guten Überblick über das Gebiet erhält man bei einem Spaziergang vom Parkplatz beim Hotel Bregaglia aus. Es geht dem Hang entlang zum Einschnitt der Valle Bondasca und über die Brücke nach Bondo. Das Dorf ist bekannt für seine Palazzi mit den schönen Gärten. Seit dem Murgang von 2017 sind die Wanderwege ins Val Bondasca und hinauf zu den beiden Hütten des Alpenclubs *SAC Capanna Sasc Furä* und *Capanna Sciora* gesperrt. 2019 wurde ein neuer Weg in die *Capanna Sasc Furä* eröffnet.

Zwischen Bondo und Castasegna steht die extravaganteste Tankstelle Graubündens. Der 1962/63 entstandene Betonpilz mit elf Metern Durchmessern ist eine Referenz an die steilen Bergflanken der Umgebung.

7

Der Palazzo Castelmur in
Stampa-Coltura
Coltura
7605 Stampa
0041 81 822 15 54
www.palazzo-castelmur.ch

Museo Ciäsa Granda
Strada Principale 102
7605 Stampa
0041 081 8221716
www.ciaesagranda.ch

DER STEINERNE KUSS

Architektur und Kunst in Coltura und Stampa

Unterhalb von Stampa neigen sich zwei mächtige Felsbrocken gegeneinander, als würden sie sich küssen. Die Strasse führt unter diesem Kuss vorbei, der wohl schon eine kleine Ewigkeit dauert.

In Coltura steht nicht weit von der Strasse der Palazzo Castelmur – mit turmbewehrter Fassade im maurischen Stil. Das 1723 erbaute Patrizierhaus wurde von Baron Giovanni de Castelmur gegen Süden erweitert und mit einer prunkvollen Innenausstattung im Stil Louis Philippes ausgestattet. Der Vater von Giovanni hatte sein Geld mit einer Konditorei in Marseille gemacht, der Baron führte eine Konditorei in Nizza und kehrte als wohlhabender Mann ins Tal zurück. Haus und Garten gehören heute dem Comune di Bregaglia und sind öffentlich zugänglich. Sehenswert ist die Dauerausstellung über die Auswanderung und das Bündner Zuckerbäckerwesen.

Ebenfalls in Coltura steht das vom Architekten Bruno Giacometti erbaute Oberstufenschulhaus, ergänzt durch einen Bau von Mierta und Kurt Lazzarini mit einer Fassade aus Kastanienholz und Flussgestein. Bruno, der jüngste Sohn der Künstlerfamilie Giacometti, der 2012 im Alter von 105 Jahren starb, entwarf unter anderem auch das Postgebäude in Maloja. Bei der nächsten Brücke flussaufwärts, die hinüber nach Stampa führt, steht auf der linken Seite das Haus der Familie Giacometti. Hier wurde auch der weltberühmte Plastiker und Maler Alberto geboren, der mit seinen dünnen Figuren Weltruhm erlangte. Gleich an der Strasse befand sich sein Atelier.

Im Museo Ciäsa Granda mitten in Stampa gibt es unter anderem einen wunderbaren Saal, der den grossen Bergeller Künstlern gewidmet ist. Die Giacomettis Giovanni, Alberto, Diego, Bruno und Augusto sind vertreten. Ihre letzte Ruhe haben die Giacomettis auf dem Friedhof in Borgonovo gefunden.

In Stampa an der Strada Cantonale 86 findet man das geschmackvoll eingerichtete Bed and Breakfast Pontisella samt Butéga mit regionalem Kunsthandwerk. Das Frühstück mit regionalen Produkten ist einmalig (www.pontisella-stampa.ch).

8

Silser Schifffahrts-gesellschaft
7514 Sils
0041 079 4243227
www.sils.ch/schifffahrt

Plaun da Lej Resort
Via dal Malögia 14
7517 Plaun da Lej
0041 081 8265350
www.plaundalej.ch

ZWISCHEN WASSER UND HIMMEL

Schifffahrt auf dem Silsersee

Rund um den Silsersee gibt es wunderschöne Wander- und Spazierwege. Einige führen direkt am Ufer entlang, andere verlaufen in den Berghängen und bieten eine beeindruckende Sicht auf das Wasser. So kann man von Crasta im Fextal aus nach Petpreir und zur Alp Ca d'Starnam am Eingang des wilden und einsamen Val Fedoz wandern. Die Route führt dann weiter nach Maloja. Auf der anderen Seite des Tales lockt ab Sils Baselgia der Höhenweg über Grevasalvas und Blaunca nach Maloja. Das oberhalb von Plaun da Lej gelegene Grevasalvas wurde mit der stimmigen Verfilmung des Klassikers *Heidi* von 1978 bekannt, auch heute vermag das gut erhaltene Maiensässdorf zu faszinieren.

Die Orte rund um den grössten See Graubündens werden durch die höchstgelegene Schifffahrtslinie Europas verbunden. Die *MS Segl Maria* verkehrt vier Mal täglich, Kapitän Franco Giani führt das Boot sicher über das weite Blau. Gianis Grossvater kam 1907 aus wirtschaftlichen Gründen vom Comer See nach Sils. Franco Giani fährt nun in der dritten Generation und mit dem dritten Motorschiff als Kapitän auf 1.800 Metern dem Licht entgegen und bringt Wanderer von Sils nach Maloja oder von Plaun da Lej nach Isola.

Für Spaziergänger, die es gerne etwas gemütlich angehen, eignen sich die Wege bei Sils, die den See entlang bis zur Halbinsel Chastè führen. Wenn man Glück hat, findet man im Herbst am Wasser eine sogenannte Silserkugel. Die gelben Kugeln bestehen aus Lärchennadeln, die durch die Wellenbewegungen zusammengeknetet und in eine runde Form gebracht werden. Wer kein Glück hat, bekommt die Silserkugeln auch in Schokoladenform in den Konditoreien.

Aus eigener Kraft auf den See hinaus? Franco Giani vermietet bei seinem Bootshaus Ruderboote. Ruderboote und Pedalos kann man auch bei der Segelschule in Plaun da Lej mieten, ausserdem bietet die Schule Segelkurse an.

Lust auf Fisch? Das Restaurant Murtaröl in Plaun da Lej serviert Fisch, Hummer, Krebse, Langusten und Muscheln direkt vom Markt in Mailand.

9

Nietzsche-Haus
Via da Marias 67
7514 Sils-Maria
0041 081 8265369
www.nietzschehaus.ch

Biblioteca Engiadinaisa
Via da Baselgia 46
7515 Sils Baselgia
0041 081 8265377
www.bibliotecasegl.ch

ALSO SPRACH ZARATHUSTRA

Nietzsche-Haus

Im Juli 1881 kam Friedrich Nietzsche das erste Mal nach Sils. Das Klima tat ihm gut, in der Abgeschiedenheit der Bergwelt konnte er schreiben. Der Schriftsteller wohnte und arbeitete während sieben Sommern bis 1888 im Haus der Familie Durisch. 1960 übernahm eine Stiftung das Haus und errichtete ein Museum darin. Neben Bibliotheken und vielen Bildern sowie Manuskripten gibt es eine Stube mit Mobiliar aus der Zeit, als Nietzsche Professor in Basel war, und das Arbeitszimmer des Dichters zu sehen. Damit das Haus »lebendig« bleibt, werden Zimmer an Künstler, Schriftsteller, Studenten oder Journalisten vermietet.

Nach Nietzsche kamen weitere Geistesgrössen ins Hochtal, so etwa Hermann Hesse und Rainer Maria Rilke. Bis heute tun es ihnen Menschen wegen der speziellen Stimmung nach, lassen sich vom Licht verzaubern. Es scheint, als ob hier Ideen, als ob hier Bilder in der Luft liegen würden.

Ein Lieblingsort von Friedrich Nietzsche war die Halbinsel Chastè (romanisch: das Schloss), die weit in den Silsersee hinausragt. Mauerreste auf der Insel erinnern noch an das Kastell. Wenn der See im Dezember zufriert, ohne dass ihn eine Schneeschicht zudeckt, sieht man unter dem von Blasen durchzogenen Schwarzeis Wurzeln und Steine, dann den Übergang in die schwarze Tiefe des Sees. Um Tiefe geht es auch im Gedicht, das ganz vorne an der Halbinsel in Stein gemeisselt ist: O Mensch! Gib acht! Was spricht die tiefe Mitternacht? …

Also sprach Zarathustra ist eines der Hauptwerke des Schriftstellers und zum Teil in Sils entstanden. Ein Buch für alle und für keinen. Nicht weit von der Halbinsel Chastè schrieb auch die aus gutem Haus stammende Schriftstellerin Annemarie Schwarzenbach, die von ihrer Familie nie ganz anerkannt wurde und sich oft nach Sils zurückzog, wo sie 1942 starb.

Die feine *Biblioteca Engiadinaisa* bietet Blick auf den See und vom Kinderbuch bis zum Krimi die passende Ferienlektüre. Hier werden Sie fündig!

10

Hotel Waldhaus
Via de Fex 3
7514 Sils Maria
0041 081 8385100
www.waldhaus-sils.ch

Hotel Fex
Via da Fex 73
7514 Fex
0041 081 8326000
www.hotelfex.ch

HORT DER KULTUR

Hotel Waldhaus und Hotel Fex im Val Fex

Was haben Thomas Mann, Hermann Hesse, Joseph Beuys und Erich Kästner gemeinsam? Sie alle logierten schon im 1908 eröffneten Hotel Waldhaus in Sils. Das Waldhaus wird bereits in der fünften Generation von den Familien Kienberger und Dietrich geführt. Im hoch über dem Dorf und See gelegenen Hotel legt man viel Wert auf die Erhaltung der Substanz und die Förderung der Kultur. Grosse Panoramafenster öffnen den Blick, in der Halle scheint die Zeit stehen geblieben zu sein, man lauscht der Musik, liest, plaudert. Der wahre Luxus ist wohl, ungezwungen Zeit verstreichen zu lassen.

Das Waldhaus liegt an der Strasse zum Val Fex. Dieses breite Seitental wird ganzjährig bewohnt. Da hier ein Fahrverbot herrscht, ist eine Kutschenfahrt von Sils durch die verschneite Landschaft ins Tal hinein eine gute Möglichkeit, die Landschaft zu erleben. Es gibt auch eine Langlaufspur, spektakulär ist der Gang durch die Schlucht. Man geht vom Platz mit den Pferdekutschen beim Gemeindehaus geradeaus, das Tal verengt sich, der Bach gurgelt in seinem Bett. Nach einem kurzen Aufstieg erreichen Sie Fex Platta, auf einmal ist die Weite da, das Licht und die Berge rundherum. Weiter oben Fex Crasta mit der kleinen Kirche und den sehenswerten Fresken im Chorgestühl! Im Sommer kann man rechts an der Bergflanke den Weg weiter ins Tal fortsetzen, er ist nicht nur für Blumenfreunde empfehlenswert.

Das Hotel Fex, ursprünglich ein Teil des Bäderkomplexes in St. Moritz Bad, wurde um 1900 demontiert und hier wieder aufgebaut. Im Haus ist die Pionierzeit des Tourismus noch spürbar. Die Patina des getäfelten Speisesaals, des Salons und der Veranda erinnert an die vielen Gäste, die hier schon ein- und ausgegangen sind. Ab hier fahren keine Kutschen mehr, es lohnt aber, weiter ins Tal bis wenigstens zur Alp zu spazieren. Alternativ nehmen Sie die Schotterstrasse mit dem Mountainbike in Angriff.

Nach der Wanderung entspannen Sie im Solbad des Hotels Schweizerhof im Zentrum von Sils Maria – an einem Winterabend im Aussenbecken ein besonderes Erlebnis!

RUND UM ST. MORITZ

11

Panorama der
Berninagruppe an der
**Bergstation Corvatsch
und Restaurant 3303**
7513 Silvaplana
0041 81 838 73 60
www.corvatsch.ch

Bergrestaurant Hahnensee
7500 St. Moritz
0041 081 8333634

NICHT NUR FÜR VERRÜCKTE

Bergstation Corvatsch und Restaurant 3303

Auf 3.303 Metern über dem Meer liegt die Bergstation der Corvatschbahn, hier befindet sich das höchstgelegene Panoramarestaurant der Ostalpen, in dem auch kulinarische Höhenflüge erlebbar werden.

Der Hochseilartist Freddy Nock lief im Jahr 2011 auf dem 56 Millimeter dicken Tragseil, ausgerüstet nur mit einer Balancestange, von der Bergstation hinunter zur Mittelstation, eine Riesenleistung, an die man auf der Bergfahrt mit Blick in die bodenlose Tiefe kaum zu denken wagt. Auf dem Corvatsch erbringt man gerne Spitzenleistungen. Viel Action ist bei *Engadinsnow* angesagt, die besten Freerider der Welt treffen sich am Berg und nehmen die von der Gondelbahn aus gut zu sehende Corvatsch-Nordwand in Angriff.

Während der Wintersaison findet jeden Freitag die *Snow Night* statt. Auf der längsten beleuchteten Piste der Schweiz tummeln sich unter dem Engadiner Sternenhimmel die Schneesportbegeisterten. Natürlich stehen den Gästen die diversen Restaurants offen, damit man sich aufwärmen kann nach einer stiebenden Fahrt in der klirrenden Kälte. Die 14 Transportanlagen und die 120 präparierten Pistenkilometer lassen keine Wünsche der Skifahrer offen. Ein Freestylepark und der Bagjump, eine Schanze mit Mattenlandung, vervollständigen das Angebot. Bei windigem Wetter kann es auf dem Corvatsch empfindlich kalt sein, gerade bei der Abfahrt vom Gipfel ist man den Elementen voll ausgesetzt!

Ein ganz besonderes Erlebnis ist die Fahrt von Sils bis Celerina. Start ist bei der Furtschellas-Bahn, dann geht es hinüber an den Corvatsch. Die neun Kilometer lange Traumpiste führt über den Hahnensee nach St. Moritz Bad. Nun geht es mit der Signalbahn hinauf ins Corviglia-Skigebiet und hinüber nach Marguns. Diese abwechslungsreiche Ski-Safari kann mit einer einzigen Tageskarte absolviert werden.

Das gediegene Restaurant Hahnensee auf 2.153 Metern erreicht man von der Corvatsch Mittelstation. Es liegt an der Traumpiste hinunter nach St. Moritz.

12

Übergang Fuorcla Surlej
Startpunkt: Mittelstation Murtèl
Via dal Corvatsch 73
7513 Silvaplana

Berghaus Fuorcla Surlej
Via da l'Alp
7513 Silvaplana
0041 081 8426303

DIE GESPIEGELTEN EISRIESEN

Übergang Fuorcla Surlej mit Berggasthaus

Auf einem breiten Weg erreicht man von der Corvatsch Mittelstation Murtèl aus die Fuorcla Surlej, den Übergang hinunter ins Val Roseg. Das gleichnamige Berggasthaus auf 2.755 Metern wird bereits in der dritten Generation von der Familie Rähmi geführt. Überwältigt setzen Sie sich auf einen Stein und geniessen. Da stehen hoch und mächtig der Piz Tschierva, der Piz Morteratsch, der Piz Bernina und der Piz Roseg. Von der Panoramaterrasse des Berghauses aus sieht man den berühmten Biancograt, die weisse Himmelsleiter hinauf zum Piz Bernina, dem einzigen Viertausender der Ostalpen. Mit dem Fernglas sind die Bergsteiger auf dem Weg zum Gipfel gut zu erkennen. Bei schlechtem Wetter und im Winter bietet Fuorcla Surlej eine gemütliche Gaststube. Unbedingt die Nusstorte versuchen!

In gut zwei Stunden Marschzeit erreicht man von der Fuorcla Surlej aus, ohne grosse Höhenunterschiede bewältigen zu müssen, die Chamanna Coaz, immer oberhalb des Roseggletschers. In den Hütten des Schweizerischen Alpenclubs sind auch Tagesgäste herzlich willkommen. Das Hüttenteam verwöhnt die Wanderer mit wechselnden Spezialitäten, im Herbst beispielsweise mit Wildgerichten aus eigener Jagd. Die Coazhütte, ganz vorne auf einem Felskopf mit Blick hinunter auf die Spaltenlandschaft des Roseggletschers, eignet sich gut für eine Übernachtung. Am Abend zuschauen, wie die Sonne untergeht und die Berge ins milde Abendlicht taucht, mit den Bergsteigern essen, ihren Geschichten lauschen und dann müde ins Massenlager sinken – ein unvergessliches Erlebnis (www.coaz.ch).

Wer es gerne gemütlich hat, fährt mit der Bahn zurück nach Silvaplana. Es gibt auch einen abwechslungsreichen Wanderweg der Piste entlang über Alpweiden und durch verschiedene Vegetationsstufen bis hinab ins Tal.

Etwas steil ist der Abstieg hinunter ins Val Roseg. Vom Restaurant Roseggletscher aus kann man dafür mit der Pferdekutsche nach Pontresina gondeln.

13

Windsurfing Silvaplana
Station 1
Stradun Chantunel 4
7513 Silvaplana
0041 081 8289364
www.windsurfing-silvaplana.ch

Swiss Kitesurf GmbH
Sportzentrum Mulets
7513 Silvaplana
0041 081 8289767
www.kitesailing.ch

IM WIND DES SÜDENS

Wind- und Kitesurfing beim Surfcenter

Zwischen Juli und Oktober kommt im Engadin pünktlich gegen elf Uhr der Wind. Bei diesem Phänomen erwärmt sich an den Bergflanken im Bergell kalte Luft und steigt das Tal hinauf, weitere Luftmassen werden mitgezogen und ziehen als immer stärker werdender Talwind über die Oberengadiner Seen hinweg. Ganz besonders beliebt ist dieser tägliche Malojawind bei Seglern und Windsurfern. Silvaplana mit dem Surfcenter und dem Sportzentrum Mulets ist der Treffpunkt der Szene. Beachvolleyball, Fussball, Tennis und eine Anlage für Skater locken Bewegungsfreudige ans Wasser. Das romanische Wort »Mulets« heisst übrigens sowohl Landzunge wie auch Landstreicher und Zigeuner.

Viele Sportler wohnen ganz unkompliziert auf dem Campingplatz gleich am See, ein Ort mit südlichem Flair inmitten der Alpen. Camper sollten allerdings auf unerwartete Kälteeinbrüche vorbereitet sein, auch im Sommer kann es hier schneien. Bereits am späten Vormittag kräuselt sich die Wasseroberfläche. Am Ufer machen Surfer ihre Boards und die Segel bereit und zwängen sich in die Anzüge. Bei schwachem Wind trauen sich auch Anfänger aufs Wasser, es gibt hier immer wieder Kurse auch für Neueinsteiger.

Gegen Mittag nimmt der Wind immer mehr zu, mit knatternden Segeln werden die Boards blitzschnell gewendet, schon brausen sie erneut los und halten auf das andere Ufer zu. An schönen Tagen ist der See ein Segelmeer, ein Spektakel auch für Nichtsurfer, die auf der Terrasse des Sportzentrums bei einem Eis oder beim Surfcenter dem Treiben zuschauen. Im Mulets sind die Kitesurfer zu Hause, die sich von Lenkdrachen ziehen lassen und bei entsprechendem Wind richtig abheben.

Bei so vielen Windsportarten bekommt man Lust, selber mit den Elementen zu spielen. Wer es ruhiger mag, kann auf den ausgedehnten Wiesen des Deltas unterhalb der Umfahrungsstrasse einen Drachen steigen lassen.

Am Morgen ist auf dem spiegelglatten See Stand-up-Paddeln angesagt. Bevor um elf der Wind einsetzt, kann man auf seinem Board stehend die Landschaft erkunden.

14

Eine antike Säule am
Julierpass
Zwischen Silvaplana und
Tiefencastel

Sportanlagen Bivio
Julierstrasse 5
7357 Bivio
www.bivio-sportanlagen.ch

AUF DEN SPUREN DER RÖMER

Julierpass (2.284 Meter) nach Tiefencastel

Der Julierpass verbindet auf einer sehr gut befahrbaren Strasse das Oberhalbstein mit dem Engadin. In Thusis verlässt man die San-Bernardino-Route. Hier beginnt die Schinschlucht. Vor Savognin fällt rechts am Hang die stattliche Burg von Riom auf. In der bald 800 Jahre alten Festung ist 2006 das erste professionelle Theaterhaus der rätoromanischen Kulturgeschichte eröffnet worden, dies mit eigenwilligen und doch erfolgreichen Produktionen: gegen den Mainstream behaupten sich biblische Themen.

Bald erreicht man den 91 Meter hohen Damm von Marmorera. Unter der Wasseroberfläche des Stausees liegen seit 1954 ein fruchtbares Tal sowie ein stolzes Dorf begraben. Hier musste die Strasse völlig neu angelegt werden. Bei Bivio biegt die Septimerroute ab. Im Ort ist die Amtssprache nach wie vor Italienisch, dies zeigt die enge Verbindung zum Bergell. Nachdem 1387 ein Fahrsträsschen über den Septimer gebaut wurde, lief dieser kürzere Übergang direkt in den Süden dem Julier den Rang ab. Die topografischen Vorzüge brachten den Julier aber zurück ins Rennen, als lawinensicherer Zubringer für die aufstrebenden Winterkurorte des Oberengadins erlangte die Passstrasse eine neue Bedeutung.

Bei Grabungen auf der Passhöhe wurden Teile einer römischen Kultstätte gefunden. Die beiden Säulen, die an der Strasse stehen, bilden zwei bemerkenswerte Artefakte. Strassenüberbleibsel, sogar noch mit Radspuren, deuten darauf hin, dass der Julier in römischer Zeit intensiv mit beladenen Karren befahren wurde. Die Händler benutzten mit den leeren Wagen dann den steileren und lawinengefährdeten Septimerpass. Unterhalb der Passhöhe liegt das Ospizio La Veduta. Von hier aus können die Berge und Täler des Passes im Sommer wie im Winter erkundet werden. Nach einer kurzen Abfahrt erreicht man Silvaplana. Schon bald wird hier der Ortskern mittels eines Tunnels umgangen.

Das kleine Skigebiet in Bivio wartet mit familienfreundlichen Tarifen sowie kurzen Wartezeiten auf. Ein Wintercampingplatz vervollständigt das Angebot.

15

Über das Landwasser-
viadukt fährt die
Rhätischen Bahn
von Chur nach St. Moritz

Information:
Bahnmuseum Albula
Plazi 2A
7482 Bergün
0041 081 4200006
www.bahnmuseum-
albula.ch

UNTERWEGS MIT DER KLEINEN ROTEN

Mit der Rhätischen Bahn ab Chur

Die »Kleine Rote«, wie die Rhätische Bahn liebevoll genannt wird, verbindet die Kantonshauptstadt Chur mit dem Engadin. Beim Schloss Reichenau vereinen sich Hinter- und Vorderrhein, danach verläuft die Strecke durch das Burgental Domleschg.

Auf spektakuläre Art überwinden die Züge der Schmalspurbahn ab Thusis Steigungen und überqueren in schwindelerregender Höhe Schluchten. Kleine Dörfer, blumengeschmückte Bahnhöfe und dichte Wälder ziehen am Fenster vorbei. Darüber thronen steile und unnahbare Felsriesen, diese sind aus den Panoramawagen besonders gut zu erkennen. Mein liebster Ort in diesem Zug ist der Nostalgie-Speisewagen. Legendär sind die Kellner, die den Grappa aus grosser Höhe in die Gläser füllen. Einer der Höhepunkte der Strecke, die zum UNESCO-Weltkulturerbe gehört, ist der 142 Meter lange und 65 Meter hohe Landwasserviadukt.

In Bergün sollten Sie eine Pause einlegen. Wenige Schritte vom Bahnhof entfernt wurde im alten Zeughaus das Bahnmuseum Albula eingerichtet. Eine virtuelle Fahrt im Führerstand der Original-Krokodil-Lokomotive über die weltberühmte Albulastrecke gefällig? Auf 1.300 Quadratmetern lässt sich die über 100-jährige Geschichte der Rhätischen Bahn hautnah miterleben. Eine spezielle Kinderstrecke im Museum mit einem nur für Kinder begehbaren Tunnel fesselt auch kleine Museumsbesucher, sie können interaktive Aufgaben lösen und am Schalter Kunden bedienen. Im mit Möbeln aus verschiedenen Salon- und Speisewagen eingerichteten Buffet werden Speisen und Getränke mit Eisenbahnbezug serviert.

Zwischen Bergün und Preda steigt die Strecke mit Hilfe von mehreren Kehrtunnels an. Bei jeder Tunnelausfahrt verändert sich der Blick auf das Tal. Zwischen Preda und Spinas tauchen die Züge in den Albulatunnel ein. Dann wird es hell, der Himmel blau – das Engadin ist erreicht.

Ein beschilderter Wanderweg führt von Thusis bis Tirano. In zehn Etappen folgt man der Route der Bahnstrecke. Pro Etappe sollte man einen Tag veranschlagen.

16

Ski- und Bike-Gebiet Corviglia
Ausgangspunkt: St. Moritz SMBB
Schulhausplatz/
Via Stredas
7500 St. Moritz
www.mountains.ch

Che Cha Restaurant & Club
Via Salastrains 10
7500 St. Moritz
0041 081 8336355
www.chechaclub.com

AUF ZWEI RÄDERN BERGAB

Ski- und Bike-Gebiet Corviglia

An tiefblauen Wintertagen, wenn die Engadiner Sonne die Gäste aus dem Tal lockt, spielt sich das Leben oberhalb von St. Moritz ab. Die angenehm geneigten Hänge laden zum Carven und Boarden in allen Schwierigkeitsgraden ein. Ganz schön steil ist die Abfahrtspiste am Fuss des Piz Nair, erbaut für die Ski-WM, mit stellenweise 100 Prozent Gefälle. Auf den Terrassen der Skihütten strecken die sonnenhungrigen Besucher ihre Gesichter dem wolkenlosen Himmel entgegen. Das Zentrum dieses Treibens ist die Corviglia auf 2.486 Metern. Vom Schulhausplatz in St. Moritz Dorf erreicht man die Bergstation mit der Standseilbahn in kurzer Zeit.

Gemütlicher ist es auf der Corviglia im Sommer. Man hat Zeit und Platz. Ein grosses Wegnetz und etliche Spielplätze bieten gerade für Familien viele erlebnisreiche Wandermöglichkeiten. Empfehlenswert ist der Schellenursliweg, man startet bei der Mittelstation Chantarella, der kinderwagentaugliche Weg führt von Salastrains bis zur Heidihütte und weiter nach St. Moritz Dorf. Bei der Bergfahrt im Sommer sieht man zu beiden Seiten der Bahn Murmeltiere, die Hänge unterhalb der Corviglia sind ein Paradies für die flinken Nager!

Für Mountainbiker gibt es drei *Flow Trails*, die von der Corviglia hinunter ins Tal führen: einmal der 3,7 Kilometer lange *Olympia Flow Trail*, der der Olympia-Piste von 1948 folgt, dann der 6,7 Kilometer lange *WM Flow Trail* entlang der Weltmeisterschaftspiste und der *Foppettas Trail*. Der *WM Flow Trail* verfügt über eine knifflige 360 Gradkurve, Wellen und Sprünge, die sich gut dem Gelände anpassen. Er kann mit dem *Foppettas Trail* kombiniert werden. Zurück auf den Berg kommen die Biker gemütlich mit der Bahn. Die Corviglia ist auch Ausgangspunkt für längere Touren quer durch die Alpenwelt.

Gourmetkoch Reto Mathis ist mit seinen Trüffel- und Kaviarkreationen von der Corviglia in die *Chesa Chantarella* gezogen. Im Restaurant-Club *Che Cha* mit grosser Sonnenterrasse lässt man den Tag stilvoll ausklingen.

17

Berg/Piz Nair mit Panoramarestaurant
Piz Nair
7500 St. Moritz
0041 081 8330875
www.mountains.ch

DER SCHWARZE BERG

Piz Nair mit Panoramarestaurant

Gehören Sie zu den Menschen, denen die Pisten und Wanderwege auf der Corviglia zu flach sind? Die ganz hoch hinaufwollen? Da drängt sich die 1952 gebaute Bahn auf den Piz Nair geradezu auf. Bei der Gondelfahrt sieht man rechts am Grat des Berges die Plattform kleben, von der aus sich die Abfahrtsläuferinnen und -läufer bei Weltcuprennen und der WM 2017 in den Abhang hinunterstürzen.

Auf dem Piz Nair kommt jeder zu seinem Steinbock-Foto. Die Skulptur aus Bronze steht bei Wind und Wetter auf 3.057 Metern und schaut hinunter ins Tal. »Guardiaun Grischun«, also Bündner Wächter, heisst die im Jahr 1958 vom griechischen Financier Stavros Niarchos in Auftrag gegebene Figur. Sie erinnert an die Steinbockkolonie, die einst unter dem zweiten Mast ihr Salz geleckt hat. Der Berg bietet einen atemberaubenden Blick, so umfasst das Panorama neben der Berninagruppe sowie den Bergeller Alpen bei guter Fernsicht auch Monte Rosa, Matterhorn, Zugspitze, Ortler und Marmolada. Allgegenwärtig ist hier der Wind, gerade im Winter verzicht man sich gerne ins Panoramarestaurant oder schnallt sich die Bretter an die Füsse und macht sich auf den Weg nach unten. Empfehlenswert ist das familienfreundliche Restaurant Lej da la Pêsch. Bei robuster Bergkost und einem »Kaffee Fertig« kommt schnell Hüttenstimmung auf. Ein Sessellift bringt die Wintersportler hinauf zur Fuorcla Grischa, Ausgangspunkt für die Abfahrt nach Marguns.

Im Sommer können Sie eine abwechslungsreiche Wanderung hinunter zum Suvretta-Pass und dem gleichnamigen Bergsee unternehmen. Unter der Bergstation sind alle Hänge schwarz, erst nach und nach setzt sich in dieser Mondlandschaft die Vegetation durch. Nach Süden kann man gegen St. Moritz absteigen. Lohnend ist die Val Suvretta da Samedan, ein langes, wildes Tal, das ins Val Bever einmündet.

Ausdauerstarke Mountainbiker erreichen von Chàmpfer aus durch das Val Suvretta den Piz Nair, diverse abwechslungsreiche Abfahrten führen zurück ins Tal.

18

Rolls-Royce vor dem
Badrutt's Palace Hotel
Via Serlas 27
7500 St. Moritz
0041 081 8371000
www.badruttspalace.com

Hotel Schweizerhof
Via dal Bagn 54
7500 St. Moritz
0041 081 8370707
www.schweizerhofstmo-
ritz.ch

WINDOWSHOPPING UND ARCHITEKTUR

Hotels Badrutt's Palace und Schweizerhof

St. Moritz wird geprägt von den Grandhotels und ihrer Architektur. Das Suvretta im Westen, das Palace im Zentrum, das Kempinski im Bad, das Kulm und das Carlton oben im Dorf. Im Jahr 1858 kaufte Johannes Badrutt mit seiner Frau das Kulm. Mit einer legendären Wette lockte der Hotelpionier 1864 englische Touristen im Winter ins Engadin: Er versprach so viel Sonne im Schnee, dass sie braun gebrannt nach Hause kommen würden – die Engländer hielten dagegen. 1896 erbaute sein Sohn Caspar Badrutt das Palace mit dem markanten Turm.

Mit einem Kaffee in der Halle des Palace könnte man dann auch den Bummel durch das mondäne St. Moritz beginnen. Das aufmerksame Personal, die dicken Teppiche, die gestylten Gäste, all das macht die Halle dieses Luxushotels aus. Im Advent glänzt vor dem Haupteingang des Palace neben den luxuriösen Limousinen ein reich geschmückter Weihnachtsbaum, dazu kommt die märchenhafte Beleuchtung der Strasse. Unter den Arkaden reiht sich Luxusgeschäft an Luxusgeschäft. Gegenüber die Palace Galerie des einheimischen Architekturbüros Ruch. Die Fassade ist mit Platten aus Calanca Gneis gestaltet. Weiter vorne der Sonnenplatz. Auf der Terrasse des Hotels Hauser stehen Junge und Junggebliebene an der Roo Bar. Wer mit dem kleinen Geldbeutel unterwegs ist, beschränkt sich mit Vorteil aufs Windowshopping. Uhren, Schmuck, Pelze und das Publikum, das sich diese Güter auch leisten will, ergänzen sich im Ort prächtig. Sehenswert sind die Bauten des britischen Stararchitekten Norman Foster. Für eine exklusive Kundschaft entstand die Chesa Futura, ein spektakulärer Rundbau mit einer Aussenhülle aus einheimischem Lärchenholz. The San Murezzan ist der Sitz der *Credit Suisse*, leider können die Kunstwerke im Innern nur von gut betuchten Kunden bestaunt werden. Schillernd das Leben in der Fussgängerzone, wo das grosse Schaulaufen der Eitelkeiten stattfindet.

Ausgehen? Urgemütlich ist das Stübli im Schweizerhof, hier trifft man sich, zieht weiter, oder bleibt gleich hängen. St. Moritzer Nächte sind lang …

19

Segantini Museum
Via Somplaz 30
7500 St. Moritz
0041 081 8334454
www.segantini-museum.ch

Bibliothek St. Moritz
Plazza da Scoula
7500 St. Moritz
0041 081 8344000
www.biblio-stmoritz.ch

WERDEN, SEIN, VERGEHEN

Segantini Museum

Schon von aussen ist das Segantini Museum ein Hingucker. Der 1908 von Nicolaus Hartmann erbaute Kuppelbau aus Naturstein fügt sich gut in die Landschaft ein. Mit der sanften Renovation und dem Ausbau 1999 durch den Architekten Hansjörg Ruch und der Sanierung und Erweiterung von 2019 wurde das Gebäude den Anforderungen unserer Zeit angepasst.

Im Erdgeschoss sind verschiedene Bilder von Giovanni Segantini zu sehen, die seine Entwicklung als Künstler aufzeigen. Deutlich sichtbar ist die Veränderung bei der Pinselführung, seine späten Werke bestehen aus vielen feinen Pinselstrichen. Durch die fein aufgetragenen Farben entstehen ausserordentliche Lichteffekte. Eindrücklich die Studien und Skizzen zum geplanten Pavillon mit Panoramabild für die Weltausstellung in Paris, dessen Umsetzung aber an den hohen Kosten scheiterte. Von diesen Plänen sind die drei Bilder des Alpentriptychons ubrig geblieben, die in Maloja, auf dem Schafberg ob Pontresina und in Soglio entstanden sind. Im Herbst 1899 stieg der Maler nochmals auf den Schafberg, um an seinem fast fertigen Bild zu arbeiten. Dort starb er an einer Bauchfellentzündung.

Der 1858 geborene Giovanni Segantini lebte von 1894 bis zu seinem frühen Tod in Maloja und Soglio. In diesen Orten entstanden auch die beiden Seitenbilder des Triptychons *Werden – Sein – Vergehen*, oder auch *Leben – Natur – Tod*. Allein um diese Bilder im für sie eigens gebauten Kuppelsaal sehen zu können, lohnt der Besuch. *Werden* zeigt eine Mutter vor den Bergen bei Soglio. *Sein* zeigt die Heimkehr von Mensch und Tier vor dem fantastischen Panorama des Oberengadins. Im Bild *Vergehen* wird in einer winterlichen Landschaft bei Maloja eine junge Tote aus dem Haus getragen. Dieses Bild blieb unvollendet. Die Bilder sind trotz ihres Alters modern und zeitlos geblieben und locken Betrachter aus der ganzen Welt an.

An der Plazza da Scoula befindet sich im alten Schulhaus eine ausgezeichnete Bibliothek. Bücher zum Kauf gibt es gleich gegenüber in der Buchhandlung Wega.

20

Hallenbad Ovaverva
Via Mezdi 17
7500 St. Moritz
0041 081 8366100
www.ovaverva.ch

MTZ Heilbad St. Moritz
Plazza Paracelsus 2
7500 St. Moritz
0041 081 8333062
www.heilbad-stmoritz.ch

SPORT- UND HEILSTÄTTE

Ortsteil Bad mit Hallen- und Heilbad

Eisbahn, Langlaufzentrum, Polowiese und Reithalle: Im Ortsteil St. Moritz Bad ist der Sport zu Hause. Für das Höhentraining ist St. Moritz ein idealer Ort. So kann es sein, dass man beim Spaziergang einer Läufergruppe aus Kenia begegnet.

In St. Moritz Bad sprudeln die Heilquellen. Bereits in der Bronzezeit wurde hier gebadet. Der berühmte Naturarzt Paracelsus pries die Quellen 1537 als beste Sauerbrunnen Europas. Gleich beim Parkplatz des Heilbades können mitgebrachte Flaschen mit dem St. Moritzer Mineralwasser befüllt werden. Die Kuren im modernen Bäderzentrum mit Alpenmoor und dem kohlensäurehaltigen Mineralwasser wirken besonders bei chronischen Schmerzen, rheumatischen Krankheiten, Rückenbeschwerden und Muskelverspannungen. In einer Wanne voller Mineralwasser liegen und in die Bergwelt schauen ist unbeschreiblich wohltuend und der Alltag plötzlich sehr weit weg. Die Fassung der Quelle aus der Bronzezeit kann noch im Engadiner Museum neben anderen Kostbarkeiten aus dem ganzen Tal bewundert werden.

Nicht weit vom Bäderzentrum entfernt steht das neue Hallenbad *Ovavera,* ein markanter Bau mit Durchsicht. Liegt man im Aussenbecken, eröffnet sich den Badenden ein überwältigender Blick auf die umliegenden Berge. Auch Kinder kommen auf den Rutschbahnen voll auf ihre Rechnung.

Gleich um die Ecke steht das Hotel Laudinella, ein Ort, an dem man ab 1957 auf genossenschaftlicher Basis Musikfreunden bezahlbare Ferien im Engadin ermöglichen wollte. Heute bietet das Hotel ein grosses Kursangebot. Das reichhaltige Kulturprogramm mit Konzerten, Lesungen, Tanzveranstaltungen und Diskussionen ist bei Einheimischen und Gästen beliebt. Die Gesprächsreihe *Das Engadin Leben,* bei der Persönlichkeiten, die eng mit der Region verbunden sind, über das Tal erzählen, bilden einen festen Bestandteil im kulturellen Leben.

Im Hotel Laudinella werden alle satt. Neben der Pizzeria gibt es ein thailändisches und ein japanisches Restaurant sowie die Chamonna, eine gemütliche Hütte (www.laudinella.ch).

21

Olympia Bob Run
Plaza Gunter Sachs
7500 St. Moritz
0041 081 8300200
www.olympia-bobrun.com

FORMEL 1 IM EISKANAL

Eiskanal *Olympia Bob Run*

Der Olympia *Bob Run* ist mit 1.722 Metern Länge die grösste Schneeskulptur der Welt. Seit 1904 wird der Eiskanal jährlich neu errichtet. Die Bahnmannschaft aus dem Südtirol verarbeitet ab Ende November 5.000 Kubikmeter Schnee und 4.000 Kubikmeter Wasser, die Eröffnung der Bahn findet jeweils kurz vor Weihnachten statt.

Unterhalb des schiefen Turms von St. Moritz steht die Skulptur von Nino Bibbia. Der 1922 geborene Italiener ist eine Wintersportlegende, so startete er noch mit 73 Jahren zu seinem letzten Rennen auf dem Cresta Run. Bei den Olympischen Winterspielen von 1948 in St. Moritz wollte Bibbia in fünf verschiedenen Disziplinen starten. Aus Zeitgründen reichte es nur zur Teilnahme an den Bobwettkämpfen und zum Olympiasieg im Skeleton.

In St. Moritz gibt es zwei Bahnen. Auf der linken Seite der Strasse hinunter nach Celerina befindet sich der Cresta Run, die Bahn des exklusiven St. Moritz Tobogganing Club. Hier wird Englisch gesprochen, Männer fahren in Cordhosen und Wollpullover auf dem Bauch talwärts (nur am »Ladies Day« dürfen Frauen mitfahren). Es herrschen raue Sitten, Gehirnerschütterungen und Knochenbrüche gehören auf dem Cresta Run mit dazu.

Auf der anderen Seite der Strasse befindet sich der Olympia *Bob Run*. Hier werden alle offiziellen Anlässe wie Weltmeisterschaften und Weltcuprennen im Bob- und Skeletonsport durchgeführt. Im Starthaus befindet sich der Dracula Club, der vom Fotografen Gunter Sachs gegründet wurde. Im Restaurant sitzt man an Rennwochenenden neben amtierenden und ehemaligen Weltmeistern und Olympiasiegern. Als Zuschauer ist man nah am Geschehen und kann den Eissport aus nächster Nähe erleben. Bei einem Spaziergang der Bahn entlang kommt man vorbei am Horse Shoe, der legendären Hufeisenkurve, wo die Schlitten mit über 100 Stundenkilometern durchbrettern.

Die Fahrt im Schlitten mit einem routinierten Piloten von St. Moritz hinunter nach Celerina durch den berühmten Eiskanal ist ein unvergessliches Erlebnis.

22

Pferderennen auf Eis

White Turf Racing Association
Via Mulin 4
7500 St. Moritz
0041 081 8338460
www.whiteturf.ch
www.snowpolo-stmoritz.com

Hotel Waldhaus am See
Via Dimlej 6
7500 St. Moritz
0041 081 8366000
www.waldhaus-am-see.ch

TIERE UND PELZE AUF DEM SEE

Pferderennen auf Eis mit White Turf

Wo war 1907 das erste Pferderennen auf einem gefrorenen See? Wo fand 1979 das erste Golfturnier auf einem gefrorenen See in Europa statt? Wo fand 1985 das erste Poloturnier auf einem gefrorenen See in Europa statt? Wo wurde 1989 das erste Cricket-Turnier auf einem gefrorenen See durchgeführt? Sie ahnen es. Sobald der See in St. Moritz um Weihnachten herum über eine tragende Eisschicht verfügt, verwandelt er sich tagsüber zu einem Tummelplatz für sonnenhungrige Spaziergänger und Hundebesitzer. Ein Eisfeld wird eingerichtet, Kinder bauen einen Schneemann.

In der letzten Januarwoche findet dann der *Polo World Cup on Snow* statt. Vier hochkarätige Teams spielen um den Sieg. Die Finalpartien vom Wochenende, die vom Sprecher auf Englisch kommentiert werden, locken einige Tausend Zuschauer hinaus ans Spielfeld. Unglaublich, wie die Reiter auf ihren Poloponys dem Ball hinterherpreschen, um dann mit einem geschickten Manöver den Gegner auszutricksen.

An den ersten drei Sonntagen im Februar finden die hoch dotierten Pferderennen White Turf statt. Dieser Grossanlass mit spannenden Rennen, Musik und Kunst ist Treffpunkt der High Society und der Pferdefreunde gleichermassen. In speziellen VIP-Zelten legen sich die Chefköche für eine gut betuchte Kundschaft ins Zeug und Champagner fliesst reichlich. Aus nächster Nähe können Pferde, Reiter und die angereiste Prominenz begutachtet werden. »Tierfreundinnen« führen ihre Hündchen und die neuesten Pelze spazieren. Dicke Zigarren aromatisieren die eiskalte Engadiner Luft, es wird auf Sieg und Platz gewettet.

Höhepunkte sind die Skijöring-Rennen, bei denen ein Skiläufer von einem Vollblutrennpferd mit bis zu 50 Stundenkilometern über die Strecke von 2.700 Metern gezogen wird. Dies erfordert von den waghalsigen Fahrern viel Kraft und taktisches Geschick. Die Rennen locken bis zu 35.000 Besucher an.

Den besten Blick geniessen Sie vom Hotel Waldhaus am See. Imposant die Whisky-Sammlung der Hotel-Bar *Devil's Place* mit 2.500 Sorten: Weltrekord!

23

Ski- und Wandergebiet Marguns

Restaurant Marguns
7505 Celerina
0041 081 8398020
www.marguns.ch

VERSTEINERTE WUNDERBLUMEN

Skigebiet und Restaurant Marguns

Schon vom Tal aus sieht man die drei markanten Felsnadeln oberhalb von Celerina. Las Trais Fluors, die drei Blumen, kennen die Leute im Oberengadin gut. Die variantenreichen Abfahrten des gleichnamigen Sessellifts sind sowohl bei Anfängern als auch Könnern sehr beliebt. Gerade die schwarze Piste gleich neben dem Lift fordert von den Fahrern einiges. Das Skigebiet Marguns, das auch mit dem Gebiet Corviglia verbunden ist, bietet viele Pisten in allen Schwierigkeitsgraden.

Die Bergstation Marguns ist von Celerina aus mit der Gondelbahn und im Sommer auch zu Fuss und mit dem Mountainbike gut erreichbar. Sie liegt in einem geschützten Talkessel auf 2.278 Metern. Oberhalb des Restaurants lockt in der warmen Jahreszeit ein schöner Kinderspielplatz mit vielen Spielgeräten, hier können sich die Kleinen vergnügen, während die Eltern gemütlich in der Sonne sitzen. Der ideale Weg ins Tal für Familien ist der kinderwagentaugliche Märchenweg, bei dem auf elf Tafeln die Geschichte der Trais Fluors erzählt wird. Weil die Menschen die drei Wunderblumen Pigna (Ofen), die Wärme in die Stuben brachte, Vivanda (Lebensmittel), die den Hunger stillte, und Allegria (Heiterkeit), die Lebensfreude, in die Dörfer trugen und nicht zu schätzen wussten, versteinerten die Blumen. So thronen die Trais Fluors heute als Mahnmal hoch über dem Dorf Celerina.

Die reichhaltige Speisekarte des Restaurants Marguns und der auf einer solchen Höhe wohl einzigartige Weinkeller, dessen Angebot 23 Seiten umfasst, sorgen dafür, dass die Allegria nicht zu kurz kommt. Empfehlenswert ist Plain in Pigna, ein einheimisches Kartoffelgericht, und die hausgemachte Nusstorte. Im Winter fliessen im Restaurant Stüvetta gleich nebenan die teuren Weine und der Champagner, wenn sich Mailands High Society hier oben trifft.

Bei der Bergstation können robuste Trottinetts gemietet werden. Gut gefedert rollt man auf abwechslungsreichen Alpstrassen durch den Wald ins Tal hinunter.

24

Pfarrkirche San Gian
Celerina
7500 St. Moritz

Mili-Weber-Haus
Via Dimlej
7500 St. Moritz
0041 079 5399777
www.miliweber.ch

Barfuss in den Wald

Pfarrkirche San Gian und Barfusstrails

Ausserhalb des Dorfes Celerina steht auf einem Hügel die alte Pfarrkirche San Gian. Mit ihrem offenen Turm ist die Kirche das Wahrzeichen des Dorfes. 1682 wurde das Dach des Turmes durch einen Blitzschlag zerstört und nicht wieder restauriert, da zu dieser Zeit ein weiterer Turm, ausgestattet mit einer Glocke, im Ort stand. Eine Treppe führt den Hügel hinauf. Ein Rundgang um die Kirche, das Verweilen an der alten Mauer lassen die Ruhe spüren, die dieser Ort ausstrahlt. Der kleinere Turm sowie der Chor stammen aus der Zeit um 1100. Wenn man in die Kirche tritt, sieht man zuerst die reich verzierte Holzdecke von 1478, die mit Ornamenten bemalt ist, die Farben Schwarz und Rot überwiegen. Die Wandmalereien sind aus der Frührenaissance.

Gleich bei der Kirche sollte man die Schuhe ausziehen. Kein Witz. Drei verschiedene Barfusstrails gibt es, Wanderwege, die die Durchblutung der Füsse und das gesamte Wohlbefinden fördern. Der erste Weg führt an der Kirche San Gian vorbei und dem Flazbach entlang in Richtung Punt dals Bouvs oder Ochsenbrücke. Unterwegs lockt eine Imbissbude mit leckeren Würsten und hausgemachter Nusstorte. Die anderen Wege führen in Varianten an der Bahnstation Staz vorbei und hinauf in den ausgedehnten Wald unterhalb des Piz Rosatsch. Nach einem abwechslungsreichen Aufstieg durch den Wald gelangt man auf die Ebene beim Stazersee.

Das 35 Hektar grosse Hochmoor ist für die Alpen einzigartig. Von hier aus führt ein Weg weiter nach St. Moritz, ein anderer nach Pontresina. Besonders schön und ruhig ist der See am frühen Morgen, wenn Nebelschwaden aufsteigen. An einem warmen Sommertag laden auch im Engadin kleinere Seen zum Baden ein. Neben dem Lej Marsch bei der Sprungschanze von St. Moritz ist auch der Stazersee inmitten des Waldes mit seinem Steg ein idealer Ort, um sich abzukühlen.

Ganz speziell ist eine Führung durch das Haus der Künstlerin Mili Weber. Das idyllische Haus am Rand des Waldes ist Zeuge eines reichen Lebens.

VON SAMEDAN BIS INS PUSCHLAV

25

Flusslandschaft um Inn und Flaz
Startpunkt Wanderung:
Innbrücke
Chaunt da San Bastiau
7503 Samedan

Restaurant Piste 21
Plazza Aviatica 27
0041 081 8521555
www.restaurant21.ch

WASSER ZIEHT UM

Flusslandschaft um Inn und Flaz

Die Gletscherbäche von Morteratsch und Berninagebiet fliessen mit dem Rosegbach zusammen und bilden bei Pontresina den Flaz. Dieser floss früher in einem Kanal durch die Ebene und vereinigte sich vor Samedan mit dem Inn. Bei langandauernden Regenfällen konnten die Dämme das Wasser nicht immer zurückhalten – daher wurde Samedan im letzten Jahrhundert mehrmals überflutet. Nach dem Hochwasser von 1987 forderte der Kanton Graubünden die Gemeinde zum Handeln auf. Statt die Dämme zu erhöhen, beschloss man, den Flaz umzuleiten. Entstanden ist auf der Ebene von Samedan eine ökologisch wertvolle Flusslandschaft, die es zu entdecken gilt.

Ein Rundgang durch das Gebiet beginnt in Samedan am Inn. Hier floss das Wasser zwischen hohen Dämmen, die inzwischen abgetragen wurden. Verschiedene Informationstafeln entlang dem renaturierten Fluss weisen auf die Veränderungen in der Landschaft hin. Wenn man dem Inn auf der linken Seite flussaufwärts folgt, erreicht man bald den ehemaligen Zusammenfluss von Inn und Flaz. Nun folgt man dem alten Flazbett, hier erinnert ein Bach an den Fluss. Links erstreckt sich der schön angelegte Golfplatz. In Punt Muragl beschreibt der milchig weisse Flaz eine elegante Kurve und fliesst nun in die Ebene hinaus. Im neuen Flussbett gibt es genügend Platz, um Sand und Kies abzulagern. Der Fluss kann im vorgesehenen Bereich seinen Lauf frei wählen. Inseln entstehen, Lebensräume für Pionierpflanzen und Insekten. Neue Brücken überspannen den Flaz. Sie zeigen den Willen der Gemeinde, Neues zu schaffen. In Gravatscha vereinigt sich der Flaz mit dem Inn. Nun fliesst das Wasser wieder zwischen Dämmen. Malerisch das Ufer des Sees von Gravatscha. Im Schilf brüten viele Wasservögel, Feuerstellen und Bänke laden zum Verweilen ein. Auf der anderen Flugplatzseite kann man dem Inn entlang nach Samedan zurückkehren.

Das Restaurant *Piste 21* am Ende des Flugplatzes lockt mit dem Blick auf startende und landende Flugzeuge. Im Winter führt hier die Marathonloipe vorbei.

26

Rundgang durch die Stadt

Mineralbad & Spa Samedan
San Bastiaun 3
7503 Samedan
0041 081 8511919
www.mineralbad-samedan.ch

La Tuor
Surtuor 10
7503 Samedan
0041 081 8521803
www.latuor.ch

BADEN UNTER DEM KIRCHTURM

Rundgang durch den Ort rund um das Mineralbad

Samedan verfügt über eine ganze Anzahl schöner Plätze. Vor dem stattlichen Gemeindehaus mit seinem herrschaftlichen Aufgang steht ein Brunnen mit dem Wassermann, dem Wahrzeichen der Gemeinde. Die Brunnenfigur gestaltete der Künstler Gian Pedretti. Gegen Westen öffnet sich der Dorfplatz mit der schlanken Kirche und ihrem eleganten Campanile. Zwischen Mai und September findet dienstags ein Markt statt, ein beliebter Treffpunkt für Einheimische und Gäste.

Direkt an die Kirche angebaut ist das neue Mineralbad und Spa Samedan. Wegen Platzmangels wurden die Becken übereinander angelegt. Der mit verschiedenen Farben gestaltete Badeweg beginnt im Untergeschoss und steigt durchs Haus immer weiter aufwärts. Verwinkelte Becken wechseln sich mit geheimnisvollen Schwitzräumen ab. Die Krönung ist das Becken auf dem Dach gleich unter dem Kirchturm, eine prickelnde Sache an einem sternenklaren Winterabend mit zweistelligen Minustemperaturen. Am Ende des Rundgangs laden zwei Räume in Arven- und Tannenholz zum Ausruhen ein.

Vom Dorfplatz aus erreicht man das Quartier Surtuor. Auch hier wieder ein kleiner Platz mit stattlichen Häusern. Rechts der alte Wohnturm La Tuor mit sehenswerten Ausstellungen in den Bereichen Kunst, Handwerk und Design. Ausserdem die Schreinerwerkstatt des Möbeldesigners Ramon Zangger, der die Engadiner Arvenmöbel neu interpretiert. Geht man die Gasse Bügl da la Nina hinunter, taucht rechts plötzlich ein moderner Turmbau der einheimischen Architekten Mierta und Kurt Lazzarini auf. Der Bau, der sich an alten Formen orientiert, polarisiert stark mit seiner modernen gemusterten Fassade. Unten die alte Dorfstrasse mit den grossen Häusern und den Erkern, von ihnen aus kann man unbemerkt die Strasse beobachten. Durch die runden Türen wurde das Heu mit Pferd und Wagen durch den Wohnteil in den hinten liegenden Heustock gebracht.

Einen schönen Überblick haben Sie von einer Bank an der Friedhofsmauer bei St. Peter oberhalb des Dorfes. Die Kirche ist ein Ort der Ruhe und Besinnung.

27

Bauernhaus Chesa Planta
Mulins 2
7503 Samedan
0041 081 8521272
www.chesaplanta.ch

Metzgerei Plinio
Crappun 16
7503 Samedan
0041 081 8521333
www.plinio.ch

DAS BESONDERE WOHNMUSEUM

Bauernhaus Chesa Planta

Die Chesa Planta ist das mächtigste Bauernhaus im Alpenraum. An die letzten Bauern erinnern aber höchstens die grossen Stallungen im Untergeschoss, der obere Teil des Hauses ist herrschaftlich eingerichtet mit getäfelten Stuben und wunderschönen Öfen. Bemerkenswert ist auch der Park mit dem Gartenpavillon.

Im Zweiten Weltkrieg, genauer im Oktober 1943, wurde Samedan von den Alliierten irrtümlich bombardiert. Dabei fiel ein Sprengsatz mitten auf den Platz vor der Chesa Planta, die anderen Bomben gingen neben der Schule nieder. Wenige Minuten vor dem Angriff trollten sich noch die Kindergartenkinder über den Platz vor der Chesa Planta. Wie durch ein Wunder wurde niemand verletzt, allerdings gingen zur Freude des ortsansässigen Schreinergewerbes viele Fenster zu Bruch.

Die letzten Damen von Planta schenkten das Haus 1943 einer Stiftung, die seither das Gebäude und seine reiche Einrichtung instand hält und zum Wohnmuseum ein kulturelles Rahmenprogramm auf die Beine stellt. Wunderschön sind die Konzerte im Sulèr, dem grossen Gang, durch den früher die Heuwagen eingefahren sind. Im Haus beheimatet ist zudem eine grosse romanische Bibliothek, dazu kommt das Kulturarchiv Oberengadin, das hier für seine reichhaltigen Bestände eine Bleibe gefunden hat. Der Traum, die Chesa Planta könnte eines Tages ein Kulturzentrum mit überregionaler Anziehungskraft werden, ist bisher an den knappen Finanzen gescheitert. Es gibt aber immer wieder neue Versuche, das ehrwürdige Haus vollends wachzuküssen.

Erdiger Sound ist bei der Konzertreihe *Back to the Roots* zu hören. Die Sommerkonzerte finden draussen vor der Chesa Planta statt. Es kann abends noch so kühl sein (und das ist es leider auch im Hochsommer öfters), wenn das Schlagzeug den Takt angibt, die erste Gitarre einsetzt, ein Bläserchor zu hören ist, dann beginnen die Beine zu wippen.

Die Metzgerei Plinio ist bekannt für Engadinerwürste, Salsiz und andere Fleischspezialitäten ausschliesslich von Tieren aus der Region.

28

Naturlehrpfad La Senda
Startpunkt Wanderung:
La Tuor
Surtuor 10
7503 Samedan
www.bio-divers.ch

Samedan Tourist Information
Plazzet
7503 Samedan
0041 081 0818510060
www.tourismus.samedan.ch

HINAUF ZU DEN HIRTEN

Naturlehrpfad La Senda und Alp Muntatsch

La Senda ist ein moderner interaktiver Naturlehrpfad oberhalb von Samedan. Mit dem bei Samedan Tourismus gemieteten Smartphone oder der Gratis-App *Naturpfad La senda* erfährt man viel Wissenswertes über die Natur sowie die Eingriffe durch den Menschen. Bei den Stationen, die mit gelb beschrifteten Steinen markiert sind, ruft jeweils der Kuckuck. Die Webseite bietet Hintergrundinformationen, etwa zur Forstwirtschaft. Die Wälder oberhalb von Samedan wurden fast völlig abgeholzt. Zum Schutz des Dorfes vor Lawinen und Murgängen mussten über eine Million Bäume gepflanzt werden. In einem Film erzählt der Künstler Giuliano Pedretti, wie das Haus seiner Familie im Lawinenwinter 1951 von den Schneemassen weggerissen wurde und sie im Keller überlebt haben. Auf dem Weg erfährt man auch viel über die Landwirtschaft. Bei den Kindern sind die begehbaren Posten sehr beliebt, so können sie in ein Vogelnest in neun Metern Höhe steigen oder auf einer Schaukel die Wechselwirkungen im ökologischen System erfahren.

Eine sportliche Herausforderung ist der *Time Track* (www.timetrack.ch). Mittels der kostenlosen *Strava App* kann man auf dem Segment *Time Track Muntatsch (Official)* seine Leistung messen. Gestartet wir beim Schützenhaus Muntarütsch. Dann geht es mit dem Mountainbike, joggend oder walkend den Berg hinauf. Die Zeit gestoppt wird nach gut drei Kilometern und 414 Metern Höhendifferenz auf der Alp Muntatsch. Schon kann man seine Leistung mit der von anderen Sportlern vergleichen. Natürlich geht es auch gemütlicher, ein Halt bei der Alpetta, der kleinen Hütte auf halber Strecke, ein weiterer bei jeder Bank. Der Weg bietet immer wieder neue Ausblicke. Dann die Alp Muntatsch oberhalb der Baumgrenze. Man sitzt an der warmen Steinmauer, bekommt Tiroler Speck, Bergkäse und als Nachspeise einen Kaiserschmarren. Da vergisst man fast, dass man den Piz Padella oder den Cho d'Valetta besteigen könnte, um noch mehr zu sehen.

Auf dem *Padellatrail* können sportliche Mountainbiker ihre Grenzen erfahren: auf einer Strecke von 15 Kilometern von 1.770 bis auf 2.489 Meter hinauf!

29

Muottas Muragl Bahn
Startpunkt: Talstation Punt Muragl
7504 Samedan

Romantik-Hotel Muottas Muragl
7503 Samedan
0041 081 8428232
www.muottasmuragl.ch

DER EINZIGARTIGE BLICK

Mit der Standseilbahn nach Muottas Muragl

Von der Station Punt Muragl aus führt eine Standseilbahn steil hinauf nach Muottas Muragl auf 2.456 Meter. Die 1907 gebaute *Muottas Muragl Bahn* ist die älteste Bergbahn im Engadin. Kurz nach der Abfahrt in Punt Muragl beginnt die beeindruckende Steigung. Vom Drahtseil gezogen kraxelt die Bahn aufwärts. Nicht zurückschauen!

Gleich oberhalb des *Hotels Muottas Muragl* steht auf einem Findling die genaueste Sonnenuhr der Welt. Mit ihr soll man die Zeit auf zehn Sekunden genau ablesen können. »Sine Sole sileo« – »Ohne Sonne schweige ich«, steht auf der Uhr. Die Sonne spielt auf dem Samedner Hausberg eine wichtige Rolle. Das Hotel produziert dank der Sonnenkollektoren mehr Energie, als es selber benötigt. Und auf der Terrasse hat man das ganze Tal vor sich.

Im Winter präpariert man auf Muottas Muragl für Ruhebedürftige einen besonderen Winterwanderweg. Auf dem Philosophenweg wandelt man über den Rücken des Berges bis hinauf zum gefrorenen Muragl See auf 2.800 Metern. Das Nachdenken über sich und die Welt ist das Ziel des Philosophierens. Hier oben in der Ruhe der Berge und angeregt von klugen Gedanken ist dies gut möglich. Auch im Winter ist die Gaststätte auf Muottas Muragl offen. Im Panoramarestaurant bekommt man als Zugabe die unvergleichliche Aussicht auf die Oberengadiner Seen. Abends geniessen Sie zum Apéro einen Sonnenuntergang, der langsame Farbwechsel auf den schneebedeckten Bergen ist kaum zu überbieten. Danach ein Fleisch- oder Fisch-Menü unter Sternen mit Blick auf das nächtliche St. Moritz. Die *Muottas Muragl Bahn* fährt die Gäste nach dem Schlemmen wieder gemütlich ins Tal.

Rasanter kommt man auf der Schlittenbahn abwärts. Auf vier Kilometern geht es 705 Höhenmeter den Berg hinunter. Mit viel Tempo werden die 20 Kurven genommen – oder eben nicht. Nichts für schwache Nerven, für Speedfreunde aber ein absoluter Renner!

Schneeschuhlaufen? Schon probiert? Auf dem Berg gibt es einen 3,5 Kilometer langen Schneeschuhwanderweg, die Ausrüstung kann bei der Talstation gemietet werden.

30

Höhenweg zur Alp Languard
Startpunkt: Bergstation Muottas Muragl
7503 Samedan

Berghütte/ Chamanna Segantini
0041 079 6813537
www.segantinihuette.ch

AUF UND UM DEN SCHAFBERG

Höhenweg zur Alp Languard und Segantinihütte

Der Höhenweg zwischen Muottas Muragl und Alp Languard ist einer der beliebtesten Wanderwege des Engadins. Durch die Bahnen an den Endpunkten müssen keine nennenswerten Steigungen bewältigt werden. Der jeweilige Auf- und Abstieg bietet – je nach Kondition – eine reizvolle Alternative. Von der Bergstation der Drahtseilbahn auf Muottas Muragl geht es erst ins Val Muragl hinein, dann folgt der Weg der Flanke des Schafberges auf etwa gleicher Höhe. Grandios der Blick auf die Oberengadiner Seen und später hinein ins Val Roseg und auf die dahinter liegenden Gipfel. Man kommt fast mühelos bis zur Alp Languard, ein lohnender Abstecher führt zum Restaurant Unterer Schafberg, einer gemütlichen Berghütte, in der es etwas ruhiger zugeht (www.schafberg.ch).

Erst scheint der steile Aufstieg vom Val Muragl hinauf zur Segantinihütte auf dem Schafberg ein wenig abschreckend, allerdings sollten Sie sich den Ausblick von ganz oben gönnen. Giovanni Segantini malte hier oben auf 2.731 Metern das mittlere Bild *Sein* des berühmten Alpentriptychons. Unterhalb der Segantinihütte zweigt der Steinbockweg ab, eine steile Sache für Kraxler, dafür sieht man vielleicht die begehrten Wappentiere Graubündens. Für die mit Ketten gesicherten Passage im Fels ist Trittsicherheit erforderlich. Hier an den Flanken des Schafberges sind die Folgen der Klimaveränderung und das Auftauen des Permafrostes gut sichtbar. Hänge werden instabil und geraten ins Rutschen. Lawinen und Erdrutsche drohen. Zahlreiche Schutzbauten am Hang und ein grosser Wall oberhalb des Dorfes sollen Lawinen und Murgänge bis ins Dorf verhindern. Der normale Abstieg von der Segantinihütte mündet beim unteren Schafberg in den Höhenweg. Am Ende der Wanderung lockt diese kleine und gemütliche Bergwirtschaft mit einer schönen Terrasse, mit Käse, Trockenfleisch und Rhabarberkuchen.

In Pontresina sollten Sie die Friedhofskirche Sta. Maria aus dem 12. Jahrhundert besuchen. Die eindrücklichen Fresken präsentieren ein dezentes Farbenspiel.

31

Museum Alpin
Via Maistra 199
7504 Pontresina
0041 081 8427273
wwww.pontresina.ch/
museumalpin/

Bergsteigerschule Pontresina
Via Maistra 163
7504 Pontresina
0041 081 8428282
www.bergsteiger-
pontresina.ch

VON BERGSTEIGERN UND ANDEREN GÄSTEN

Museum Alpin und Bergsteigerschule

Die Hauptstrasse von Pontresina ist geprägt von der Hotellerie. Die Entwicklung vom Bauerndorf zum weltoffenen Ferienort hat viele grosse Häuser hervorgebracht, so etwa den Kronenhof mit seinem prunkvollen Speisesaal oder das neu renovierte Saratz im Dorfteil Laret. Die gegen 100 Jahre alten Traditionshäuser erinnern an die Pionierzeit des Wintertourismus. Am Laret-Markt, der im Sommer jeden zweiten Donnerstagabend stattfindet, bummelt man zwischen alten Engadiner Häusern und Hotelbauten hindurch, hier konnte ein interessanter Mix aus Bauerndorf und mondänem Ferienort erhalten werden.

In Pontresina mit den grossen Bergen in Griffnähe spielte das Bergsteigen schon immer eine grosse Rolle. Im *Museum Alpin* in der Chesa Delnon erfährt man viel über die Anfänge und die Entwicklung des Alpinismus. Man sieht, wie alte Hütten des Alpenclubs eingerichtet waren, Mineralien werden gezeigt. In einem anderen Raum wird die Geschichte der Jagd präsentiert, die Waffe der Jäger und die Tierwelt im Tal. Auch die Wiederansiedlung des Steinwildes wird thematisiert.

Kurios: Bergsteigen können Sie in Pontresina auch mitten im Dorf. Im Winter werden die Wände der Flaz-Schlucht künstlich vereist und so zu einem Eldorado für Eiskletterer. Die Eiswände bieten mit der nächtlichen Beleuchtung eine bizarre Kulisse für die Athleten, die mit Steigeisen und Eispickeln ausgerüstet aus der Tiefe hinaufsteigen. Natürlich bietet die Bergsteigerschule auch Eiskurse an. Der Seilpark beim Bahnhof ist ebenfalls ganz in der Nähe. Die Touren in den Baumwipfeln des Hochseilgartens weisen verschiedene Schwierigkeitsgrade auf. So braucht es Mut und Geschicklichkeit, über dem Abgrund seinen Weg zu gehen. Viel Nervenkitzel bieten die beiden Überquerungen des Flusses, da muss tief durchgeatmet werden.

Wohin am Abend? In der Pitschna Scena im Hotel Saratz werden in kleinen Stuben und an der Bar Geschichten ausgetauscht, oftmals bei Live-Musik.

32

Val Roseg
Startpunkt Wanderung:
Bahnhof Pontresina
7504 Pontresina

Hotel-Restaurant Roseg Gletscher
Val Roseg
7504 Pontresina
0041 081 8426445
www.roseg-gletscher.ch

IM REICH DER JÄGER

Ausflug ins Val Roseg

Gleich hinter dem Bahnhof Pontresina geht es hinein ins lang gezogene Val Roseg. Ein schöner Wanderweg führt an der linken Talseite entlang. Auf der Fahrstrasse verkehren die Pferdeomnibusse. In der Gegend spielt der Klassiker *Der König der Bernina* von J. C. Heer. Vorbild für die Figur des Markus Paltram war der grosse Gämsjäger, Büchsenmacher und Bergsteiger Gian Marchet Colani (1772–1837), der zwei Bären und über 2.700 Gämsen erlegt haben soll. Hier im Tal liegt auch die Acla Colani, die Hütte Colanis.

Die Jagd ist für viele Bündner eine heilige Sache. Im September gibt es kein Halten mehr. Frühmorgens gehen die Weidmänner und -frauen auf die Pirsch, steigen die steilen Hänge an den Bergflanken empor auf der Suche nach dem jagdbaren Wild und der grossen Freiheit.

Endlich weitet sich das Tal, gibt den Blick frei auf eine grosse Ebene mit Gletschern und Gipfeln als Abschluss. Gleich rechts liegt am Hang das Hotel Roseg Gletscher. Ein grosser Jäger ist auch Renato Testa. Seine grosse Sammlung an Trophäen hängt an den Wänden des Restaurants, das unwiderstehliche Süssspeisen anbietet. Das ganz Jahr über kann man sich mit Pferdekräften ins Tal und auch wieder hinaus kutschieren lassen. Beliebt ist auch die Langlaufloipe ins Val Roseg, die Abfahrt zurück nach Pontresina ist jedoch nicht jedermanns Sache.

Höher hinaus geht es vom *Hotel Roseg Gletscher* über die Fuorcla Surlej zur Mittelstation der Corvatschbahn. Ein sehr schöner Wanderweg führt über die Ebene vorbei am Gletschersee. Entlang der Moräne erreicht man die Coazhütte auf 2.610 Metern oberhalb des Roseg- und des Sellagletschers (www.coaz.ch). Ebenfalls ein schöner Aussichtspunkt ist die Tschiervahütte mit dem aussergewöhnlichen Anbau des Architekten Hans-Jörg Ruch auf 2.584 Metern (www.tschierva.ch). Fantastisch der Blick hinauf zum Piz Roseg. Für den Rückweg empfiehlt sich eine Reservierung im Pferdeomnibus.

Kochendörfers Engadinertorte und Gianottis Birnbrot sind zwei Pontresiner Spezialitäten, erhältlich in den Geschäften an der Hauptstrasse.

33

Morteratschgletscher ab Alp-Schaukäserei
Morteratsch 4
7504 Pontresina
0041 081 8426273
www.alp-schaukaeserei.ch

Bovalhütte
7504 Pontresina
0041 081 8426403
www.boval.ch

EIN GLETSCHER AUF DER FLUCHT

Von der Alp-Schaukäserei zum Morteratschgletscher

Gleich hinter der Bahnstation Morteratsch befindet sich die *Alp Schaukäserei.* Hier im Lärchenwald kann im Sommer täglich der Käser bei der Arbeit beobachtet werden. Aus Alpenmilch wird im grossen Kupferkessel über dem offenen Feuer nach traditioneller Art Käse hergestellt. Sehr beliebt ist auch der *Alp Brunch* unter freiem Himmel mit reichhaltigem Käsebuffet und vielen weiteren Köstlichkeiten. Wie Balsam für die Haut wirkt ein Molkebad, das man unter den Bäumen mit einem Glas Prosecco geniessen kann.

Gut gestärkt überqueren Sie beim Restaurant die Geleise der Berninastrecke. Alte Landkarten und Ansichten zeigen, dass sich die Zunge des Morteratschgletschers um 1875 nur etwa 100 Meter vor der heutigen Bahnstation befand. In der Zwischenzeit zog sich das Eis um mehr als zwei Kilometer zurück und liess geschliffene Felsen, Seitenmoränen und ein Schotterfeld zurück, das nun langsam von der Vegetation zurückerobert wird. Die über 70 Meter dicke Eismasse des Morteratsch- und des Persgletschers mit dem Bach, der aus dem Gletschertor strömt, ist gewaltig. Die Stellen an der Gletscherzunge, die für ein Betreten geeignet sind, weisen Markierungen auf. Für eine Gletschertour ist alpine Ausrüstung erforderlich.

Nach einer alten Sage soll sich ein armer Senn aus Pontresina in die reiche Annetta verliebt haben. Weil die Eltern nicht in die Hochzeit einwilligten, verdingte er sich wie viele junge Bündner in fremden Armeen. Als er zurückkam, war Annetta tot, aus Liebeskummer stürzte er sich in den Gletscher. Später sei seine Geliebte den Hirten auf der Alp erschienen. Als man sie vertrieb, verfluchte sie den Ort, der Gletscher kam und bedeckte die fruchtbaren Weiden. Manchmal hört man vom Grunde des Eises Glockengeläut. Hoch über dem Gletscher blieb die Isla Persa zurück, die verlorene Insel.

In zwei Stunden ist die Bovalhütte auf 2.495 Metern erreichbar. Sie bietet neben dem Gletscherpowersteak vom Grill eine fantastische Aussicht.

84

Bergstation/Berghaus Diavolezza
7504 Pontresina
0041 081 8393900
www.diavolezza.ch

Bergsteigerschule Pontresina
Via Maistra 163
7504 Pontresina
0041 081 8428282
www.bergsteiger-pontresina.ch

AUF DU UND DU MIT DEN EISRIESEN

Bergstation und Berghaus Diavolezza

Von der Talstation Bernina-Diavolezza auf 2.093 Metern führt die Seilbahn hinauf bis auf 2.978 Meter. Beim Verlassen der Bergstation kann es einem die Sprache verschlagen. Vor uns erheben sich die schönsten Eisgipfel der Ostalpen, links der Piz Palü, in der Mitte die Bernina und rechts der Piz Morteratsch. Am schönsten ist der Piz Palü mit seinen drei Eispfeilern. Nach einer Nacht im Berghaus ist die Tour für einen geübten Berggänger ein Genuss!

Der Name Diavolezza (die Teuflische) geht auf eine alte Sage zurück. Demnach soll beim Munt Pers eine schöne Fee gewohnt haben. Der junge Jäger Aratsch wollte sie beim Bad im Diavolezzasee beobachten. Als er nicht mehr auftauchte, suchte man nach ihm, vergeblich. Wer allerdings in der Nacht in der Gegend herumläuft, hört die klagende Stimme der Fee Diavolezza, die ruft: »Mort ais Aratsch! Der Aratsch ist tot!« Daher soll auch der Name Morteratsch kommen.

Ein schöner Spaziergang führt von der Bergstation der Bahn aus in Richtung Süden. Wir lassen den Skilift mit seinem zugedeckten Gletscher links liegen und steigen gerade hinauf auf den Sass Queder (3.066 Meter), einen runden, mit Steinmännchen besetzten Felskopf. Von hier aus hat man einen wunderbaren Blick hinunter zum Berninapass und den Seen. Hier ist auch der Einstieg in den Klettersteig am Piz Trovat. Eine etwas anstrengendere Tour führt nach Norden hinauf auf den Munt Pers. Nach etwa einer Stunde hat man die ganze Bergwelt (und die Fee) für sich alleine.

Wer es gemütlich mag, der geniesst die grosse Terrasse und lässt sich vom Team des Berghauses mit Veltliner und regionalen Spezialitäten verwöhnen. Ein absoluter Knüller ist das Bad im geheizten Sprudelbottich mit Blick auf die Eisriesen und den mächtigen Morteratschgletscher.

Von der Bergstation Diavolezza aus über den Morteratschgletscher gibt es geführte Gletscherwanderungen. Auskunft erhalten Sie bei der Bergsteigerschule Pontresina.

85

Berninapass
Zwischen Poschiavo und dem Pontresina

Ospizio Bernina
Via dal Bernina 2371
7710 Poschiavo
0041 081 8440303
www.bernina-hospiz.ch

PIZZOCCHERI UND PARADIESISCHE SEEN

Berninapass (2.328 Meter) nach Ospizio Bernina

Der 2.328 Meter hohe Berninapass ist einer der höchsten ganzjährig befahrbaren Alpenübergänge. Er verbindet schon seit der Bronzezeit das Veltlin mit dem Engadin. Grosse Bedeutung erlangte der Übergang nach der Eroberung des Veltlins durch die Drei Bünde. Ein reger Handel mit Wein, Korn, Fleisch und Käse begann.

Von Poschiavo aus führt die Strasse in langen Rampen bergauf. Besonders exponierte Stellen sind mit Galerien gesichert. Im Weiler Sfazù, dem Eingang zum wilden Val di Campo, ist ein Zwischenhalt angebracht. Nach einer kurzen Wanderung bekommt man im Rifugio Saoseo ausgezeichnete Pizzoccheri – die regionale Nudelspezialität. Auch der Ris cönsc, eine Spezialität mit Reis, Gemüse und Käse ist empfehlenswert. Die in der Nähe liegenden Seen Lago di Saoseo und Lago Viola verdienen wohl, paradiesisch genannt zu werden (www.saoseo.ch).

Der Berninapass bestand aus zwei Routen: Die westliche folgte der heutigen Bahnlinie, die östliche Route, die etwas länger war, führte über La Rösa hinauf zum Ospizio. Je nach Witterung und Lawinensituation wählte man den einen oder den anderen Weg. Die Fahrstrasse wurde schliesslich zwischen 1842 und 1865 auf der sichereren Ostroute gebaut. Morgens und abends überqueren viele Grenzgänger, die im Engadin arbeiten, den Pass. Die Lastwagen mit den Veltliner Weinen erinnern an die verlorenen Untertanengebiete im Süden. Sie werden, so sagt man, nun literweise zurückgekauft.

Bald schon erreicht man die Passhöhe, gleich darunter steht das Ospizio Bernina, ein stattliches, über 130 Jahre altes Haus. Hier konnten sich die Reisenden verpflegen, währenddem die Pferde ausgetauscht wurden. Ab hier verläuft die Strasse parallel zur Bahnlinie. Die Sprachgrenze zwischen dem Italienischen und dem Romanischen verläuft am Ende des Lago Bianco. Nach Bernina Lagalb sieht man rechts den Piz Alv mit einer stattlichen Steinbockkolonie.

Über die Forcola di Livigno (2.315 Meter) gelangen Sie ins italienische Zollfreigebiet Livigno, wo günstiges Benzin und preiswerte Spirituosen locken.

36

Mit der Räthische Bahn über den Berninapass
hinauf nach
Ospizio Bernina
7710 Poschiavo
www.rhb.ch/Bernina-Express

AUF SCHIENEN IN DEN SÜDEN

Berninapass (2.253 Meter) mit der Rhätischen Bahn

Auf der Berninastrecke erreicht die Rhätische Bahn bei der Station Ospizio Bernina auf dem Gebiet Poschiavos eine Höhe von 2.253 Metern – und das ohne Unterstützung von Zahnrädern. Ausgangspunkt ist der Bahnhof St. Moritz, Endbahnhof das italienische Tirano. Dazwischen bieten die Alpen ein Feuerwerk an Eindrücken. Nach dem Bahnhof Morteratsch sieht man den gleichnamigen Gletscher, darüber thronen die Gipfel des Berninamassivs. Weiter oben folgen ausgedehnte Alpweiden, dann erscheint der dunkle Lej Nair und der weisse Lago Bianco, Wasserscheide und Sprachgrenze zugleich.

Die Berninabahn ist das ganze Jahr in Betrieb. Schneefälle und starke Winde fordern von den Bahnangestellten Höchstleistungen. Im Rekordwinter 2001 musste auf dem Pass eine Schneehöhe von 641 Zentimetern bewältigt werden. Gegen Lawinen und Schneeverwehungen wurden an exponierten Orten Galerien gebaut, im Sommer kann es vorkommen, dass der Zug anhalten muss, damit der Kondukteur einige verirrte Rinder hinaustreiben kann. Unterhalb von Alp Grüm windet sich die Bahn in grossen Kehren talabwärts, mit kreischenden Rädern geht es durch Galerien und um enge Kurven. Immer wieder sieht man weit unten im Tal den dunkelblauen Lago di Poschiavo, dem die Strecke wenig später folgen wird. Zwischen Pontresina und Poschiavo verkehren im Sommer offene Panoramawagen, eine wahre Geisterbahn in den tropfenden Tunnels und Galerien.

Bei Miralago am Ende des Sees geht es erneut steil abwärts. Unterhalb von Brusio wurde ein offenes Kehrviadukt gebaut, ein weiteres Wahrzeichen der UNESCO-Strecke. Im italienischen Tirano wird der Zug teilweise zur Strassenbahn und überquert den Platz bei der eindrücklichen Kirche Madonna di Tirano. Übrigens: Die italienischen Zollbeamten sind streng, wer mit einem abgelaufenen Reisedokument erwischt wird, muss mit dem nächsten Zug zurück.

Jeweils am Donnerstag ist Markt in Tirano. Händler bieten Kleider, Käse, Fleisch und Haushaltsartikel an. Restaurants finden Sie im Umkreis des Bahnhofs.

37

Crott in Sassal Masone
Starpunkt Wanderung:
Ospizio Bernina
7710 Poschiavo

Rifugio Sassal Masone
7510 Ospizio Bernina
0041 081 8440323

WO DER VELTLINER AM BESTEN SCHMECKT

Ausflug ab Ospizio Bernina zu den Crotts in Sassal Masone

Mit dem Zug oder dem Wagen fährt man nach Ospizio Bernina, dem höchsten Punkt des Streckennetzes der Rhätischen Bahn auf 2.253 Metern. Gleich hinter der Bahnstation beginnt der Weg, der dem Lago Bianco, dem weissen See, und der Bahnlinie folgt. Im Sommer durchbrechen rundgeschliffene Felsen die Wasserfläche, fast wie an einem Fjord in Norwegen. Etwas länger ist die Route von der Station Bernina Lagalb aus vorbei am Lej Nair, dem schwarzen See und der Wasserscheide zwischen der Adria und dem Schwarzen Meer. Hier überschreiten wir auch die Sprachgrenze zwischen dem Romanischen und dem Italienischen. Der Weg folgt nun dem Wasser an der hinteren Seite des Lago Bianco entlang bis zur elegant geschwungenen Staumauer.

Nun geht es stetig hinauf bis nach Sassal Masone. Um 1876 erbaute Angelo Grammatica hoch über dem Palügletscher auf 2.355 Metern ein Crott, ein typisches Rundhaus. Hier wohnte die Familie im Sommer, hier wurden prominente Gäste bewirtet, so haben sich Otto von Bismarck oder Marcel Proust im Gästebuch verewigt. Während der Bauarbeiten an der Berninabahn um 1910 wurde das heutige Hauptgebäude mit dem gemütlichen Speisesaal errichtet. Die beiden Crotts dienen nun zur Lagerung von Lebensmitteln und als Weinkeller.

Es gibt kaum einen Ort, an dem die Veltlinerweine so gut schmecken wie auf der Terrasse von Sassal Mason mit Blick auf den Palügletscher, natürlich mit Bergkäse, Trockenfleisch und einem Stück Puschlaver Ringbrot. Weiter unten in Alp Grüm locken Terrasse und Saal des Restaurants Bellavista hoch über der Bahnstation mit Puschlaver Spezialitäten und einer einmaligen Aussicht ins Tal. Auf dem Wanderweg hinunter in die Ebene von Cavaglia sieht man, wie die Bahnstrecke in weiten Schleifen die enorme Steigung überwindet.

Auf dem eindrücklichen Rundgang im Giardino dei Ghiacciai, dem Gletschergarten von Cavaglia, sieht man gigantische Gletschermühlen inmitten einer einmaligen Flora (www.ghiacciai.info).

38

Historische Piazza Communale

Hotel Albrici
Via da Mezz 18
7742 Poschiavo
0041 081 8440173
www.hotelalbrici.ch

Museo Poschiavino
Via da Spultri 270
7742 Poschiavo
0041 081 8341020
www.museoposchiavino.ch

CAPPUCCINO UND GELATI AN DER SONNE

Historische Piazza mit Hotel-Restaurant Albrici

Nur zehn Minuten entfernt vom Bahnhof liegt mitten in Poschiavo die historische Piazza. »Italianità« auf 1.000 Höhenmetern. Eine stolze Kirche, schmucke Häuser, Leute auf der Strasse, zahlreiche Lokale. Viele Puschlaver Restaurationsbetriebe räumen den einheimischen Produkten einen besonderen Platz auf der Speisekarte ein.

Im Bio-Bistro Semadeni sitzen die Einheimischen und Touristen unter den Sonnenschirmen, beobachten das Leben auf dem Platz, trinken Espresso oder ein Glas Weisswein. Kinder holen sich ein hausgemachtes Eis und spielen am Brunnen. Gegenüber im Hotel Albrici à la Poste mit seinem sehenswerten Interieur gibt es Pizza vom Holzofen oder einen Teller Pizzoccheri. Auch Capunet, eine Spätzlevariation sind zu empfehlen.

Die Piazza vor der Kirche war nicht immer so friedlich. Am 27. Juli 1987 lösten anhaltende Niederschläge im Val Varuna einen folgenschweren Erdrutsch aus. Ein Gemisch von Wasser, Schlamm und Kies wälzte sich talwärts. Das ganze Dorf war meterhoch überflutet, Keller füllten sich mit Schlamm und Kies, es entstand ein Millionenschaden. Poschiavo ist wieder hergerichtet, viele Gebäude wurden renoviert, so auch das auf einem Podest hinter der Kirche stehende Beinhaus. Reihenweise Schädel, die die Betrachter anstarren.

Wer mehr über das Tal und seine Geschichte erfahren will, findet spannende Themenausstellungen im Museo Poschiavino im Palazzo de Bassus-Mengotti. Wie das einfache Leben im Tal war, erfährt man im Museum Casa Tomé, in dem die Schwestern Luigia und Marina Tomé bis 1990 wohnten. Geräte liegen im Eingangsbereich, die Betten sind frisch bezogen, in der Küche stehen die Pfannen bereit. Es sieht aus, als wären die Bewohnerinnen nur kurz ausgegangen. Beide Museen können mit dem gleichen Ticket besucht werden.

Verfolgen Sie den Weg des Buchweizens vom Feld zur Mühle in Aino. Danach bereiten Sie in der Casa Tomé die traditionellen Pizzoccheri zu und essen in guter Gesellschaft. Buon appetito!

39

Palazzi
7502 Poschiavo
www.valposchiavo.ch

EIN VOLK VON ZUCKERBÄCKERN

Via di Palazzi

In den Dörfern des Engadins und der Südtäler stehen viele herrschaftliche Häuser. Diese imposanten Bauten sind den Auswanderern zu verdanken, die in der Fremde als Söldner oder Zuckerbäcker ihr Glück suchten. In Poschiavo zeugen die stolzen Gebäude in der Via di Palazzi vom Wohlstand, den die Rückkehrer ins Tal brachten.

Als 1630 in Venedig die Pest ausbrach und ein Drittel der Bevölkerung dahinraffte, waren Arbeitskräfte aus Graubünden sehr willkommen. Die Bergler liessen Armut, Hunger und Solddienste hinter sich. Der Beruf des Zuckerbäckers reichte von der Herstellung von Schokolade, Konfekt, Speiseeis und Limonade bis hin zum Rösten von Kaffee und der Destillation von Branntwein. In der Lagunenstadt waren die einheimischen Bäcker an ein strenges Handelsreglement gebunden, die protestantischen Bündner konnten freier arbeiten und durften auch während der Fastenzeit mit Butter backen. Sie erlangten zunehmend die wirtschaftliche Vorherrschaft in ihrem Berufsfeld. Um 1740 waren über 3.000 Bündner in Venedig, sie kontrollierten den Kaffee- und Branntweinausschank und besassen die meisten Konditoreien. 1766 kam es zum Streit zwischen Graubünden und Venedig. Branntweinverkäufer, Cafétiers und Zuckerbäcker mussten mit ihren Angestellten und Lehrlingen die Republik verlassen und versuchten ihr Glück in ganz Europa von Madrid bis St. Petersburg.

Auch das Puschlav war Auswanderergebiet. Puschlaver Zuckerbäcker betrieben in Spanien, Portugal und Frankreich Kaffeehäuser und Confiserien. Ein Raum im Museo Poschiavino erinnert an dieses Kapitel der Geschichte. Der einheitlich gestaltete Strassenzug Via di Palazzi im sogenannten »Spaniolenviertel« mit den klassizistischen Gebäude und ihren Vorgärten entstand nach 1854.

Ein steiler Anstieg führt von Cimavilla hinauf zum Aussichtspunkt über dem Borgo di Poschiavo und zu den »Runchett«, den Terrassen, auf denen Gemüse und Obst für die Engadiner Hotels angebaut wurde.

40

Vecchio Monastero
7742 Poschiavo
0041 079 7410570
www.vecchio-monastero.ch

Albergo Ristorante Miralago
7743 Miralago
0041 081 8392000
www.miralago.ch

ZU FUSS AN DEN SEE

Altes Kloster und Ausflug nach Miralago

Gleich hinter der Piazza von Poschiavo steht das Vecchio Monastero, das renovierte alte Kloster, heute ein Ort der Ökumene und der Stille. Das Haus enthält neben einem quadratischen Innenhof mit Kreuzgang eine Sammlung von Collagen des Schriftstellers Wolfgang Hildesheimer, der in Poschiavo seinen Lebensabend verbrachte. Hier werden Kurse abgehalten, Einzelpersonen finden hier einen Ort der Stille. Für eine Besichtigung muss man sich anmelden. Ausserhalb des Dorfes gleich nach der Schule steht die Barockkirche Santa Maria Assunta, bemerkenswert die Marienstatue, die in ihrer Farbigkeit an eine asiatische Göttin erinnert. Den Schlüssel gibt's am Bahnhof.

Ein schöner Weg führt über Annunziata und den Damm des Poschiavino direkt nach Le Prese. Schön auch der Weg über Prada nach Pagnoncini. In der Kirche ist eine kleine Lourdesgrotte gebaut. Weiter geht es bis nach Canton, einem verschachtelten Dorf mit Blick auf den See. Unterwegs kommt man an Kräuterplantagen vorbei. Die verschiedenen Teesorten aus dem Puschlav in Bioqualität finden den Weg in viele Schweizer Tassen. Beim Hotel Le Prese erreicht man den See. Das Hotel mit Park und Terrasse am Wasser ist eine der ersten Adressen im Tal und erstrahlt nach einer Sanierung in neuem Glanz.

Der Lago di Poschiavo entstand nach einem Bergsturz vor 15.000 Jahren. Auf der westlichen Seite des Sees führt ein Weg neben der Schiene und unterhalb der Strasse bis Miralago. Den Verkehrslärm vergisst man dank der herrlichen Aussicht aufs Wasser. In Miralago steht ein kleiner Albergo, ein Hotel mit einem gemütlichen Ristorante und romantischen Zimmern mit Seesicht. Die Rhätische Bahn bringt die Wanderer zurück an den Ausgangspunkt. Vor der Reise zurück ins Engadin sollten Sie sich mit Puschlaver Ringbrot, einer Mortadella cotta von Metzger Zanetti und Puschlaver Spaghetti eindecken.

Hoch über Miralago am Rande des Bergsturzgebietes steht die Kirche San Romerio. Man erreicht sie in zwei Stunden über Brusio und Viano. Wahnsinnige Aussicht ins Val Poschiavo.

VON BEVER BIS S-CHANF

41

Märchenweg Bever
Startpunkt: Bahnhof
7502 Bever
www.gemeinde-bever.ch

Bever Lodge
Via Maistra 32
7502 Bever
0041 081 8524004
www.beverlodge.ch

GESCHICHTEN VON NANN'ENGEL

Märchenweg

Von Bever führt ein Märchenweg nach Spinas. Man wandert durch den Wald, kommt zu einem Platz, sieht eine Skulptur. Ausserdem auch ein Thron mit einem grossen Buch, daneben stehen kleinere Hocker für die Zuhörer. »Da pü bodun …«, beginnt die Geschichte. »Vor langer, langer Zeit lebten im Val Bever ein Bär und ein Fuchs. Der Bär war ein Vielfrass, er bekam nie genug …« Die Märchen stammen von Engadiner Frauen, die Skulpturen wurden von einheimischen Künstlern geschaffen wie Not Vital und Giuliano Pedretti. Der Märchenweg ist ein Erlebnis für die gesamte Familie.

Die bekannteste Geschichte aus dem Tal des Inn ist jene von Tredeschin oder Dreizehnlein, der als Stallknecht am Hofe Ludwigs in Frankreich manches Abenteuer erlebt. Der wichtigste Sammler und Vermittler der Engadiner Märchenwelt war der als Sohn von Engadiner Auswanderern in Berlin geborene Gian Bundi (1872–1936). Seine Eltern besassen in Stettin eine Bäckerei mit Café. Im Haus der Familie Bundi wurde Putèr gesprochen, das Idiom des Oberengadins.

Um 1900 veröffentlichte Bundi zwei Bände mit Engadiner Märchen und Illustrationen des Bergeller Künstlers Giovanni Giacometti. Gehört hatte Bundi die Geschichten während seinen Ferienaufenthalten in Bever. Viele davon werden einer gewissen Anna Engi zugeschrieben, allgemein Nann'Engel genannt, die von 1803 bis 1873 ebenfalls in Bever gelebt hat. Nann'Engel muss eine exzellente Entertainerin gewesen sein, sie galt als Ausnahmetalent und wurde sogar für das Erzählen von Märchen bezahlt. Ihr Repertoire soll mehr als 50 Geschichten umfasst haben. Geht man durch die Gassen von Bever, kann man sich gut vorstellen, wie die Leute an kalten Winterabenden in der Stube sassen und den Märchen lauschten.

Gegenüber vom Bahnhof steht die bei Sportlern beliebte *Bever Lodge,* ein modulares Hotel aus Holz mit gemütlichen Zimmern, Bar mit Kaminecke und Jukebox von 1974, Wellnessbereich sowie einer kreativen Küche.

42

Wanderung ins Val Bever
Über Via Val Bever
Startpunkt: Bahnhof
7502 Bever

Berghütte/
Chamanna Jenatsch
Jenatschhütte
7502 Bever
0041 081 8332929
www.chamannajenatsch.ch

TIEF HINEIN UND HOCH HINAUS

Ausflug ins Val Bever über Spinas zur Jenatsch-Hütte

Viele Sagen aus dem Engadin befassen sich mit der alpinen Umgebung, mit Gletschern, fruchtbaren Weiden und geheimnisvollen Feen und Zwergen. In den Geschichten versucht der Mensch, seinen Platz in dieser für ihn oft unwirtlichen und feindlichen Umwelt zu finden. Armut und Auswanderung, aber auch gefährliche Fabelwesen sind dominierende Themen.

Den Umgang der Menschen mit der Natur verdeutlicht die Historie des Beverser Flusses Beverin. Lange Zeit wurde er zwischen Dämme gezwungen, um das Dorf und die Weiden vor Überschwemmungen zu schützen. Grosszügige Renaturierungsmassnahmen beim Einfluss in den Inn zeugen nun vom Umdenken. Auf den neu entstandenen Kiesbänken nisten seltene Vogelarten, Biber und Fischotter sind bereits gesichtet worden.

Wo die Eisenbahn im Albulatunnel verschwindet, steht das Gasthaus Spinas in der Val Bever 4. Gemütliche Stuben, urige Zimmer, währschafte Küche. Bei schönem Wetter trinkt man sein Bier draussen an grossen Holztischen. Auf der 100-jährigen Kegelbahn werden die Kegel noch von Hand aufgestellt. Hier hat man Zeit.

Die Strasse steigt hinter Spinas an, sie führt über mehrere Talstufen bis zur Alp Suvretta den Fluss Beverin entlang. Eine Abzweigung nach links führt hinein ins karge Val Suvretta und über den gleichnamigen Pass hinunter nach Champfèr. Die Strasse auf der anderen Flussseite geht noch bis zur nächsten Alp, dann beginnt der Wanderweg, der Bäche quert und immer weiter über Alpweiden hinaufsteigt, bis endlich die Schweizer Fahne oben auf einem Felskopf sichtbar wird. Dann hat man es fast geschafft: zur Chamanna Jenatsch. Die höchst gelegene Bündner SAC-Hütte wurde nach dem Bündner Freiheitshelden Jürg Jenatsch benannt, der eine blutige Spur durch den Kanton zog. Trotz der Höhe von 2.652 Metern zaubert das Küchenteam täglich neue Schlemmereien auf den Hüttentisch.

Die Chamanna Jenatsch kann man auch vom Julierpass her erreichen. Die Strecke ist landschaftlich reizvoll und etwas kürzer, dafür ist die Fuorcla d'Agnel mit 2.983 Metern zu überqueren.

48

Vom Lai da Palpuogna zur Fuorcla Crap Alv
Starpunkt: Bahnhof Preda
7482 Preda

Kurhaus Bergün
Puoz 112
7482 Bergün
0041 081 4072222
www.kurhausberguen.ch

Wandern im Blumenparadies

Über den Palpuognasee zur Fuorcla Crap Alv (2.466 Meter)

Die Wanderung über die Fuorcla Crap Alv beginnt beim Bahnhof von Preda. Falls man die Wanderung einmal in umgekehrter Richtung macht, wäre die Terrasse des Restaurants Kulm ein guter Tipp für ein ausgiebiges Mahl danach. So aber geht es erst einmal im schattigen Wald parallel zur Passstrasse aufwärts zum Lai da Palpuogna. Der See wurde 2007 zum schönsten Flecken der Schweiz gewählt, Grund genug für eine Rast am Ufer. Aus den Kratern am Seegrund treten natürliche Erdgase aus, auch hat er teilweise eine unterirdische Kammer, er ist also ein doppelbödiges Gewässer. Die blaugrüne Farbe kommt im Herbst, wenn sich das Laub der Lärchen gelb verfärbt, besonders gut zur Geltung.

Etwas oberhalb befindet sich auf der anderen Talseite die Alp Weissenstein, ein Versuchsbetrieb der Eidgenössisch Technischen Hochschule zur Erforschung von Nutztieren. Nun steigen wir durch abwechslungsreiches Gelände aufwärts, vorbei an Alpenrose, Enzian, Silberdistel, Schwefelanemone und Männertreu. Dann ein Plateau mit den Crap Alv Lajets, einigen kleinen Seen, darüber matterhorngleich die Pyramiden der Dschimels. Ein letzter Aufstieg zum Pass auf 2.466 Meter. Im Norden markant der Piz Üertsch und der Piz Muot, im Süden die Engadiner Gipfel. Bei schönem Wetter fühlt man sich hier wie auf einem Thron!

Der Abstieg hinunter zur Palüd Marscha ist etwas steil, daher ein Halt bei der Alpenaster, ein bewundernder Blick für den genügsamen Hauswurz. Der Weg hinaus nach Spinas entlang dem wild rauschenden Beverin ist ein Genuss, die Einkehr im gleichnamigen Restaurant ebenso. Ab und zu braust ein Zug vorbei. Er braucht für den Weg durch den Berg weniger als zehn Minuten, die Wanderung über die Fuorcla Crap Alv dauert hingegen mehr als vier Stunden, ist aber gespickt mit unvergesslichen Eindrücken.

Eine Übernachtung im Jugendstilhotel Kurhaus Bergün von 1906, in dem die Zeit still zu stehen scheint, macht unterschiedlichste Unternehmungen möglich.

44

Albulapass
Zwischen Tiefencastel und
La Punt-Chamuses-ch

DIE STRASSE DER GENIESSER

Albulapass (2.312 Meter) ab Tiefencastel

Der Albulapass ist der schönste Übergang ins Engadin. In Tiefencastel biegt man von der Julierstrasse ab und fährt ins Albulatal hinein. Nach Alvaneu Bad mit dem schön gelegenen Golfplatz erscheint hinten im Tal der mächtige Landwasserviadukt, eines der Wahrzeichen der Rhätischen Bahn. Nach Filisur rücken die Berge näher zusammen. Auf der anderen Talseite steht die *Bellaluna*, eine ehemalige Gastwirtschaft mit bewegter Geschichte. Hier standen im Mittelalter die Hochöfen der Eisen- und Zinkschmelze. Übrig geblieben von der Bergwerksgeschichte ist das Direktionsgebäude. Hier wirtete bis vor etwas mehr als 20 Jahren Paula Roth, Aussenseiterkünstlerin, Heilerin und Original, die einem Raubmord zum Opfer fiel.

Dahinter steigt die Strasse in grossen Kehren bergaufwärts. Weiter oben scheint sie an der Felswand zu kleben, bis sich das Tal wieder weitet und man Bergün erreicht. Die Albulastrasse eignet sich zum Bummeln, ein lohnender Halt da, einer dort. Motorradfahrer mögen diesen Alpenübergang, auch Radfahrer sind hier häufig anzutreffen. Zwischen Preda und Bergün wird die Strecke im Winter zu einer fantastischen Schlittelbahn. Dann nämlich ist der Pass geschlossen, und die Rhätische Bahn bringt Menschen und Schlitten hinauf an den Ausgangspunkt der rasanten Fahrt.

Auf der Passhöhe ist im Sommer immer viel los, bereits einige Schritte abseits kann man die Berge ganz für sich alleine geniessen. Rechts erstreckt sich je nach Niederschlagsmenge ein kleiner See, hierher kommen die Kühe zum Saufen – oftmals legen sie auf der Fahrbahn eine kleine Rast ein und lassen sich auch durch Autos nicht aus der Ruhe bringen. Die Abfahrt hinunter ins Engadin ist kurz, nach 600 Höhenmetern ist das Hochtal bei La Punt erreicht.

Am ersten Sonntag im September gehört der Pass dem Langsamverkehr. Beim *Slow-Up Albula* kämpfen sich Hunderte Sportler mit Muskelkraft den Berg hinauf!

45

Wanderung ins Val Chamuera zur Acla Serlas
Über Via Chamuera
Startpunkt: Bahnhof
7522 La Punt Chamues-ch

La Punt Tourist Information
Via Cumünela 43
7522 La Punt-Chamues-ch
0041 081 8542477
www.lapunt.ch

Ein Maiensäss mit Freitreppe

Ausflug ins Val Chamuera und zur Acla Serlas

Das Ortsbild von La Punt am Fuss des Albulapasses ist geprägt durch grosse, herrschaftliche Gebäude wie die Albertini-Häuser rechts unterhalb der Einmündung der Albulastrasse oder die zinnenbewehrte Chesa Merleda auf der anderen Seite des Inn, die 1642–1649 für Hauptmann Ulrich Albertini erbaut und 1800 für Bischof Johann Baptista von Albertini renoviert wurde. Ebenfalls erwähnenswert ist die Chesa Pirani, in der Daniel Buhmann ein Feinschmeckerrestaurant eingerichtet hat. Die Häuser in Chamues-ch sind nicht weniger stattlich, entsprechen aber eher dem Bild des Engadiner Bauernhauses.

Am Dorfende von Chamues-ch beginnt das Val Chamuera, das wohl ursprünglichste Seitental des Oberengadins. Ein breiter Fahrweg führt ins Tal hinein, immer begleitet vom Bach Ova Chamuera. Auf der linken Seite die steilen Hänge des Piz Mezzaun. Das Tal verengt sich zuerst, immer wieder Schutt, Geröll und Gesteinsbrocken am Weg. Die Legföhrenwälder bieten den Erdrutschen und Lawinen wenig Widerstand. Bald weitet sich das Tal zu einer breiten Hochebene mit sattgrünen Weiden. Auf 2.016 Metern liegt plötzlich und unerwartet die Acla Serlas hinter einem Hügel, ein mächtiges Wohnhaus mit Freitreppe und anschliessender Stallscheune. Das Haus wurde 1827 für Giachem Orlandi aus Bever gebaut. Die Familie Orlandi betrieb Konditoreien in Dresden, Wien und Breslau. Passend zum Haus die Abschlussmauer sowie die Brücke über die Schlucht.

Das Val Chamuera eignet sich auch für Mountainbiketouren. Von der Acla kann man weiter zur Alp Prüna oder der Ova Chamuera entlang bis zur Alp Prünella fahren. Oberhalb der Acla Serlas gibt es auf dem Weg ins Val Lavirun ein schönes Waldreservat. Der God Giavagl mit seinem Arvenbestand ist neben dem God da Tamangur im Unterengadin einer der höchstgelegenen Arvenwälder Europas.

Ein Gewaltmarsch ist die Wanderung an der Alp Prünella vorbei, dann die Überschreitung der Fuorcla Chamuera und der Rückweg nach Bernina Suot.

46

Hotel Castell
Via Castell 300
7524 Zuoz
0041 081 8515253
www.hotelcastell.ch
www.artpublicplaiv.ch

AUF DER VIA ENGIADINA

Ausflug zum Kunstort und Hotel Castell in Zuoz

Madulain ist die kleinste der elf Gemeinden des Oberengadins, abseits von den Verkehrsströmen. Im Ort am Inn wurde ein portabler U-Bahn-Eingang des deutschen Künstlers Martin Kippenberger aufgestellt. Der Ort verfügte damit über eine Anbindung an ein imaginäres globales Netz. Es verbindet Madulain mit der griechischen Insel Syros, Dawson City in Kanada und Leipzig. Das Werk steht nun beim Golfplatz in Zuoz.

Von Madulain steigt man hinauf zur Ruine Guardaval. Die bedeutendste Burganlage des Oberengadins liegt auf einem Felssporn und besteht aus einem Turm, der Ringmauer, einem mehrteiligen Wohntrakt und dem Zwinger. Guardaval wurde als Verwaltungszentrum für die bischöflichen Güter im Oberengadin gebaut. Nach einem kurzen Aufstieg erreicht man die Via Engiadina, die hier auch Via Segantini heisst. Eine wunderschöne Route führt hinüber nach Zuoz. Auf dem unteren Weg kommt man direkt zum Hotel Castell.

Das von Nicolaus Hartmann erbaute Haus spielt eine grosse Rolle im kulturellen Leben des Oberengadins. Die Walter A. Bechtler Stiftung und die Zürcher Hochschule der Künste machen es möglich, dass in der Plaiv, in den Dörfern zwischen La Punt und S-chanf erstklassige Kunst im öffentlichen Raum erlebbar gemacht wird. Hinter dem Hotel Castell steht das Felsenbad mit einer hölzernen Installation des japanischen Künstlers Tadashi Kawamata. Über den 50 Meter langen Steg gelangt man zu dem Wasserbecken und der Sonnenterrasse mit schöner Aussicht. Auf dem Gelände des Hotels steht auch Skyspace Piz Uter, das Werk des amerikanischen Künstlers James Turrell. Es ist ein acht Meter hoher Betonzylinder mit Bruchsteinmauer. Lassen Sie Himmel und Licht auf sich wirken und geniessen Sie das Bild des markanten Piz Uter in der Eingangsöffnung. Im Innern des Hotels befinden sich weitere Kunstwerke. Erfrischung verspricht die Rote Bar der Architektin Gabrielle Hächler und der Künstlerin Pipilotti Rist.

Im Castell Kino laufen ausgesuchte Filmhighlights für Einheimische und Gäste. Das Angebot ist mit einem Dreigangmenü und einem Besuch im Hamam kombinierbar.

47

Galerie Tschudi
Somvih 115
7524 Zuoz
0041 081 850 1390
www.galerie-tschudi.ch

KUNST IN ALTEN MAUERN

Galerie Tschudi

Oberhalb des Dorfplatzes von Zuoz mit seinen stattlichen Häusern führt eine Gasse steil aufwärts. Auf der rechten Seite befindet sich in einem alten Engadiner Bauernhaus, der Chesa Madalena, die Galerie Tschudi. Der Eingang ist auf den ersten Blick unscheinbar, erst wenn man das frühere Stallgeschoss betritt, erahnt man das Alter dieses mächtigen Hauses. Beim Umbau durch den bekannten St. Moritzer Architekten Hansjörg Ruch wurde ein Wohnturm aus dem Jahre 1305 freigelegt. Dieser Turm verschwand in späteren Jahren vollständig im rundherum angebauten Bauernhaus. In den oberen Stockwerken der Galerie lässt sich diese alte Struktur noch gut erkennen. Sowohl der Heustall wie auch das Dachgeschoss unter dem Schindeldach sind als unbeheizte Kalträume belassen worden.

Dieses einmalige Ensemble von Räumen, Treppen und Gängen dient der Galerie Tschudi nun als Ausstellungsort der speziellen Art. Die Werke von international anerkannten Künstlern, meist der »Minimal Art«, werden in den Räumen inszeniert, oft sind die einzelnen Werke oder Werkgruppen ganz speziell für die Galerie zusammengestellt worden. So findet man unten im Stall einen gewaltigen Steinkreis von Richard Long, im Heustall steht ein Werk von Su-Mei Tse, grosse verschnürte Erdballen mit fragil wirkenden Bäumchen, gegossen in Bronze. Das Werk im Heustall erinnert mich an die Wurzeln, die ein Mensch haben sollte, an die Sehnsucht nach einer Heimat, dies ist gerade hier im Engadin ein sehr aktuelles Thema. Das Dachgeschoss beherbergt ein Werk von Carl André, 144 kleine Aluminiumwürfel, die das spärliche Licht aufnehmen und im Raum verteilen.

Dass man Kunst nicht immer ganz ernst nehmen muss, zeigt ein Hirschkopf des Senter Künstlers Not Vital. An den Spitzen des Geweihs hängt eine eindeutige Botschaft für den Betrachter. Aber mehr wird nicht verraten.

Nach der Kunst: Unten am Platz lockt die Konditorei Klarer mit ihren Süssigkeiten. Gleich gegenüber bietet die Crusch Alva Bündner Spezialitäten.

48

Lyceum Alpinum Zuoz
Aguêl 185
7524 Zuoz
0041 081 8513000
www.lyceum-alpinum.com

Café Badilatti/
Kaffeemuseum Caferama
Chesa Café
7502 Zuoz
0041 081 8542727
www.cafe-badilatti.ch

FAIRPLAY AUF DEM CAMPUS

Lyceum Alpinum Zuoz und Via Maistra

Am östlichen Dorfeingang stehen unübersehbar die rötlichen Gebäude des traditionsreichen Lyceum Alpinum Zuoz, einer internationalen Internatsschule mit über 300 Schülern aus mehr als 20 Nationen. Teamgeist und Fairplay stehen in der 1904 gegründeten Schule hoch im Kurs. Neben den üblichen Sportarten wie Ski, Snowboard oder Fussball spielen im Lyceum auch Cricket und Golf eine grosse Rolle. Schulteams reisen schon mal nach Hongkong, England oder Saudi-Arabien, um gegen andere Mannschaften anzutreten. Seit Beginn hat der Sport am Lyceum eine grosse Tradition, körperliche Gesundheit gilt als Voraussetzung für gute Leistungen.

In Anlehnung an das London *Globe Theatre* entstand im alten Schwimmbad der Schule das *Zuoz Globe*, das erste Theaterhaus im Engadin. Die wandelbare Konstruktion wurde von einheimischen Firmen mit viel Holz in das bestehende Gebäude eingebaut, so entstand ein einladender Eingangsbereich. Es versteht sich von selbst, dass die hauseigene *Shakespeare Company* nur Stücke des grossen Meisters auf die Bretter bringt. Zwischen den beiden Oberengadiner Mittelschulen, dem Lyceum Alpinum und der *Academia Engiadina* in Samedan herrscht ein dauerhafter sportlicher Wettkampf. Theatermässig hat die Zuozer Schule die Nase vorn.

Geht man durch das Tor unterhalb des Lyceums, kommt man an der bescheidenen katholischen Kirche vorbei. Weiter vorne der trutzige Plantaturm, in dem sich heute das Archiv des Kreises Oberengadin befindet. Die Familie Planta erhielt vom Bischof von Chur Hoheits- und Besitzrechte im Oberengadin und hatte auch die niedere Gerichtsbarkeit inne. Am Ende der Hauptstrasse gegen Madulain steht die Kapelle San Bastiaun. Sie ist links an einen vorchristlichen Kult- oder Fruchtbarkeitsstein in der Form des Mutterschosses angebaut. Der Stein ist auch im Innern der Kapelle zu sehen.

Im Zuozer Kaffeemuseum *Caferama* mitsamt höchstgelegener Kafferösterei Europas erfährt man einiges über die Muntermacherbohne, ohne die unser Leben kaum denkbar wäre.

49

Val Trupchun im Nationalpark
Route 01: Alp Trupchun
7525 S-chanf
www.nationalpark.ch

Parkhütte Varusch
7525 S-chanf
0041 081 8515454
www.varusch.ch

HIRSCHE GARANTIERT

Ausflug ins Val Trupchun im Nationalpark

Das Val Trupchun erreicht man von S-chanf aus. Das kleine Dorf mit etwas mehr als 700 Einwohnern erstreckt sich auf einer Fläche von 138 Quadratkilometern und ist eine der grössten Gemeinden der Schweiz. Am Ende des Dorfes überquert die alte Steinbrücke den Inn, eine leichte Steigung führt hinauf bis zum Parkplatz Prasüras. Zu Fuss braucht man vom Bahnhof eine gute Dreiviertelstunde bis hierher.

Neben einer Fahrstrasse auf der linken Talseite führt auch ein etwas höher gelegener Weg auf der rechten Seite ins Tal hinein, dieser ist abwechslungsreich, und man steigt hinab im Schatten des alpinen Mischwaldes, bestehend aus Arven, Fichten, Lärchen und Bergföhren. Nach der Punt da Scrigns trifft man auf die Alpstrasse, die vom Pass Chaschauna herunterkommt, für Mountainbiker eine lohnende Route hinüber ins Tal von Livigno. Gleich dahinter tauchen gelbe Markierungen auf, die die Grenze des Schweizerischen Nationalparks anzeigen. Der Park ist eine streng geschützte Wildnislandschaft, in der sich Tiere und Pflanzen ohne menschliche Einwirkung entwickeln können. Nach etwa zwei Stunden Marschzeit kommt man zu einer Brücke, vom Rastplatz Val Mela kann man Hirsche, Gämsen, Steinböcke und Murmeltiere am gegenüberliegenden Hang sehen. Der Kenner zeichnet sich durch ein geeignetes Fernglas aus. Der wahre Logenplatz zum Beobachten der Tiere ist die weiter im Tal gelegene Alp Trupchun. Oben an den Hängen weiden die Hirschrudel, auf dem Grat im Süden liegen entspannt die Steinböcke.

Auch der Rückweg auf der anderen Talseite ist äusserst abwechslungsreich, bei der Alp Purcher sieht man anhand der Verfaltungen Spuren der alpinen Gebirgsbildung. Auf der sonnigen Terrasse der Parkhütte Varusch können Sie die Seele so richtig baumeln lassen, die Speisekarte lässt keine Wünsche offen.

Im September während der Brunftzeit sieht man im Tal fast auf jedem Hügel einen röhrenden kapitalen Hirsch, der seinen Harem lauthals verteidigt.

50

Skimarathon ab Maloja
7525 S-chanf
www.engadin-
skimarathon.ch

AUF LANGEN BRETTERN DURCHS TAL

Skimarathon ab Maloja

Am zweiten Sonntag im März wird jeweils der Engadiner gelaufen, der Skimarathon von Maloja nach S-chanf. Wer vom Engadiner Fieber angesteckt ist, kommt immer wieder, es gibt etliche Veteranen, die seit 1969 mehr als 40 Mal am Rennen teilgenommen haben.

Der Start des Marathons ist vor dem legendären Hotel Maloja Palace. An die 12.000 Läuferinnen und Läufer stellen sich auf dem zugefrorenen Silsersee in verschiedenen Blöcken auf. Es ist ein farbenfrohes Bild, wenn sich die Schlange nach dem Startzeichen auseinanderzieht. Vorneweg laufen die Cracks. Profis aus diversen Nationalmannschaften, die um den Sieg kämpfen und gerne das prestigeträchtige Steinbockgeweih mit nach Hause nähmen. Sie brauchen für die 42 Kilometer gerade mal eine Stunde und zwanzig Minuten. Wenn die ersten Damen und Herren bereits Interviews geben, dann schlägt die Stunde der Volksläufer.

Auf den Seen sind kräftige Arme gefragt, es wird gepusht, was das Zeug hält. Nach Champfèr wird es eng, bei der Olympiaschanze von St. Moritz heisst es anstehen. Auch im wunderschönen Stazerwald hat es nicht viel Platz. Man lässt sich anfeuern und mit einem warmen Getränk verwöhnen. Dann die Abfahrt nach Pontresina. Eine Frau stürzt, ein Mann umarmt einen Baum, jemand landet im Tiefschnee, ein Stock bricht. Nur weiter!

Auf der Flugplatzebene plötzlich freie Loipen. An den Bärten der Älteren haben sich Eiszapfen gebildet, jemand hustet. Endlich taucht auf der linken Talseite S-chanf auf. Nun wird um Plätze und persönliche Rekorde gespurtet, die berühmten Hügel, die schon manches Rennen entschieden haben, sind auch für die hinteren Ränge eine letzte Herausforderung. Dann kommt man an, es gibt den begehrten »Ziel erreicht«-Stempel auf die Nummer. Der Geruch nach Wurst. Und dann wird erzählt, was wie und warum rennentscheidend war!

Jeweils am ersten Märzsonntag findet der Frauenlauf statt. Die Strecke führt über 17 Kilometer von Samedan nach S-chanf und verläuft meist flach.

51

Scalettapass
Zwischen Davos und S-chanf

Serlas Parc
Serlas 413
7525 S-chanf
www.serlas.ch

DIE TREPPE NACH SUSAUNA

Scalettapass (2.606 Meter) ab Davos

Der Scalettapass verbindet Davos über Dürrboden im Dischmatal mit der Alp Funtauna im Val Susauna und schliesslich mit S-chanf im Engadin. Der rätoromanische Name Cuolm S-chaletta bedeutet kleine Treppe und weist auf die treppenförmigen Wegabschnitte südlich der Passhöhe hin. Bis zur Eröffnung des Flüelapasses im Jahr 1868 bestand eine wichtige Route für Säumer, die mit ihren beladenen Maultieren Waren von Davos über den Scalettapass nach S-chanf und weiter über den Pass Chaschauna und Livigno nach Bormio im Veltlin transportierten. Vieh wurde exportiert, Wein sowie Korn eingeführt. Beim »Ruttnern«, der Offenhaltung des Passes im Winter, begruben wiederholt Lawinen Mensch und Tier unter sich.

Diesen Pass kann man gut mit dem Mountainbike angehen. Mit möglichst leichtem Gepäck sollte man die 32 Kilometer in Angriff nehmen. Eine asphaltierte Fahrstrasse führt von Davos (1.560 Meter) ins Tal hinein. Für Fussgänger verläuft der Weg auf der rechten Talseite etwas abseits und führt durch kleine Streusiedlungen. Die Häuser und Ställe der deutschsprachigen Walser sind meist Holzbauten, ganz im Gegensatz zu den Steinhäusern im Engadin.

Weit hinten im Tal erreicht man nach schweisstreibenden 14 Kilometern Radfahrt Dürrboden (2.011 Meter). Eine Stärkung auf der Terrasse lohnt sich, denn ab jetzt wird mehr geschoben als gefahren. Der Weg ist steinig und steil, und mehr als einmal wird die Trinkflasche konsultiert, bis nach zwei Stunden die Passhöhe erreicht ist. Endlich die Abfahrt, auf der Sie kräftig durchgeschüttelt zur Alp Funtauna gelangen, was Quelle bedeutet. Von hier aus begleitet der Bach Vallember die Reisenden bis ins Haupttal. Auf einem gut befahrbaren Strässchen fährt man über Alpweiden bis hinunter nach Susauna. Bei der alten Sust Chapella beginnt das Haupttal, die Kantonsstrasse führt rechts nach S-chanf.

Im Parc Serlas am Dorfeingang von S-chanf gibt es neben Bowlingbahn und Pizzeria eine Kletterhalle mit verschiedenen Schwierigkeitsgraden und Blick auf die Berg.

VOM VAL MÜSTAIR BIS FTAN

52

Clostra Son Jon
Museum & Butia
7535 Müstair
0041 081 8586189
www.muestair.ch

IM UNESCO-WELTKULTURERBE

Kloster St. Johann

Die aus dem 8. Jahrhundert stammende Klosteranlage St. Johann, oder auf Romanisch Son Jon, gehört zum UNESCO-Weltkulturerbe. Die karolingische Basis hat sich durch verschiedene Neu- und Anbauten immer wieder verändert. Dieser Mix macht den Charme des ganzen Ensembles aus. Vom ursprünglichen Kloster stehen noch die Klosterkirche und die Heiligkreuzkapelle. Die gesamten Innenwände der Kirche sind mit weltberühmten Fresken bemalt. Ein Bild in der Mittelapsis stellt das Gastmahl des Herodes mit der tanzenden Salome dar, die die Enthauptung von Johannes dem Täufer fordert. Unter einem Baldachin steht eine Statue Karls des Grossen.

Das Kloster wird seit dem 12. Jahrhundert von Benediktinerinnen bewohnt, zurzeit lebt ein Dutzend Schwestern in der Anlage. Im 957 erbauten Plantaturm befindet sich ein Museum mit Exponaten, die vom Klosterleben erzählen. Auf einem Rundgang durch die Räume spürt man eine Gelassenheit und Ruhe, die wohl von dem jahrhundertealten Rhythmus aus dem Wechselspiel von Arbeit und Gebet herrühren. Zum Abschluss des Besuchs bietet die Butia, der Klosterladen, viel Wissenswertes zum und Produkte aus dem Kloster sowie dem Val Müstair an. In einem Gästehaus stehen Ruhesuchenden Zimmer zur Verfügung. Mehrmals im Jahr werden begleitete Fastenkurse durchgeführt. Das Val Müstair bildet zusammen mit dem Nationalpark ein von der UNESCO zertifiziertes Biosphärenreservat. Zum streng geschützten Park kommt eine Kulturlandschaft mit hoher Biodiversität hinzu. Ziel ist es, Mensch und Natur eine Perspektive zu geben. Produkte mit dem Label *Biosfera* entstehen im Tal und schaffen Arbeitsplätze. Zur Biosphäre gehört auch der Rom-Themenweg von Tschierv bis Müstair. Der Rom ist einer der schönsten Schweizer Haupttalflüsse. Im Zuge einer Renaturierung wurde ihm viel Raum gewährt, seine Auen sind praktisch unberührt.

Für Passfans: Der Umbrailpass steigt von Santa Maria bis auf 2.501 Meter hinauf, von wo aus die Möglichkeit besteht, zum Passo dello Stelvio hinüber zu queren.

58

Ofenpass im National-park
Zwischen Zernez und Tschierv

Restaurant Süsom Givé
7532 Pass dal Fuorn/ Tschierv
0041 081 8585182
www.ofenpass.ch

Wo die Öfen aus sind

Ofenpass (2.149 Meter) nach Zernez

Der ganzjährig befahrbare Ofenpass oder romanisch Pass dal Fuorn verbindet das italienische Südtirol mit dem Kanton Graubünden. 1498 versuchte der Habsburger König Maximilian I., die Bündner Pässe unter seine Kontrolle zu bringen, plündernd und mordend fielen seine Truppen im Unterengadin und im Münstertal ein. Ein Überfall von Tiroler Truppen auf das Kloster Müstair löste den offenen Konflikt und den Schwabenkrieg aus. Die Bündner unter dem Kommando von Benedikt Fontana vertrieben die Habsburger vom Ofenpass. Am 22. Mai 1499 kam es bei Taufers und Mals zur Schlacht an der Calven zwischen habsburgischen Landsknechten und Bündnern. Insgesamt 7.000 Kämpfer fielen, unter ihnen war Benedikt Fontana, der zum Freiheitshelden für die Bündner Unabhängigkeit wurde.

Von Tschierv, dem obersten Dorf im Münstertal, steigt die Strasse in wenigen Kehren hinauf zur Passhöhe mit dem Restaurant Süsom Givè, das 1935 erbaut wurde. Gleich dahinter beginnt der 1914 gegründete Schweizerische Nationalpark. Gut gelegen ist das Berggasthaus Buffalora, ein beliebter Treffpunkt für Wanderer, Skitourenfahrer und Schneeschuhwanderer. Der Name Pass dal Fuorn kommt von den Eisenschmelzen. In gemauerten Hochöfen wurden die Erze aus den zahlreichen Bergwerken verarbeitet und dabei die umliegenden Wälder abgeholzt. Narben davon sind noch heute sichtbar. Ausserdem findet man noch etliche Ruinen der Öfen. Das stattliche ehemalige Gutshaus Il Fuorn, das heutige Hotel Parc Naziunal, diente den Arbeitern der Bergwerke und Öfen als Herberge. Später trafen sich hier Säumer, Reisende und Schmuggler.

Der südliche Teil des Passes ist breit, erst gegen Zernez wird das Tal enger, tief unterhalb der Strasse rauscht der Fluss Spöl. Von der Passstrasse biegt bei Ova Spin der Munt-la-Schera-Tunnel ab, der ins italienische Livigno führt.

In der Arvenstube des Hotels *Parc Naziunal Il Fuorn* mit bester Aussicht auf den Nationalpark werden Capuns, Wildspezialitäten oder auch frische Forellen serviert (www.ilfuorn.ch).

54

Schloss Wildenberg und Schweizer Nationalparkzentrum
Urtatsch 2
7530 Zernez
0041 081 8514141
www.nationalpark.ch

Nationalparkzentrum
Urtatsch 2
7530 Zernez
0041 081 8514141
www.nationalpark.ch

EIN KUBUS VOLLER NATUR

Schloss Wildenberg und Nationalparkzentrum

Die Häuser an der Hauptstrasse von Zernez wurden nach dem Grossbrand von 1874 im italienischen Stil mit Halbflachdächern erbaut. Erhalten blieb der Ortsteil hinter dem Schloss Wildenberg, das alte Wahrzeichen von Zernez. Gleich gegenüber steht das neue: das Nationalparkhaus. Das Schloss wuchs über die Jahrhunderte um seinen Turm herum. Es gehörte der Familie von Planta Wildenberg. 1618 stürmte die Engadiner Bevölkerung das Schloss und zerstörte es. Als Kommandant der Habsburgischen Truppen kehrte Rudolf von Planta 1622 ins Tal zurück und zwang die Engadiner zum Wiederaufbau samt neuem Wohntrakt als Zugabe. Heute gehört das Schloss der Gemeinde. Seit 2007 befindet sich darin die gesamte Verwaltung des Nationalparks.

Zernez ist das Tor zum 172 Quadratkilometer grossen Schweizerischen Nationalpark. Er wurde aus Sorge um die Natur 1914 in Betrieb genommen und unter absoluten Schutz gestellt. Bis 1961 kamen weitere Gebiete dazu. Bemühungen, den Park weiter zu vergrössern, scheiterten am Veto der Bevölkerung. Beeinträchtigungen sind die Spöl-Kraftwerke und der Verkehr am Ofenpass.

Die erste Adresse für Informationen rund um Park ist das moderne Informationszentrum des Bündner Architekten Valerio Olgiati. Im Kubus aus naturbelassenem Beton, der im Kontrast zu den Dorfhäusern steht, geben sich Hirsch und Hase die Pfote, der Steinadler wackelt mit den Flügeln und der Herr der Lüfte, der Bartgeier, dreht majestätisch seine Kreise. Die Besucher erfahren, dass Steine viel erzählen können und wo die grössten Besucher des Parks, die Saurier, ihre Spuren hinterlassen hatten. In übersichtlichen Ausstellungsbereichen mit viel Anschauungsmaterial und verschiedenen Medien werden grosse wie kleine Besucher in die Welt des Parks und die verschiedenen Lebensräume von Tieren und Pflanzen eingeführt. Ein grosses Modell hilft bei der Planung des Nationalparkbesuches.

Die achtstündige Wanderung zu den Lais da Macun ist eine hochalpine Wanderung (Route 21) und kann geführt unternommen werden.

55

Wanderung ins Val Cluozza
Startpunkt: Bahnhof
7530 Zernez

Berghütte/ Chamanna Cluozza
7530 Zernez
0041 081 8561235
www.nationalpark.ch

WO MAN HIRSCHEN GUTE NACHT SAGT

Wanderung ins Val Cluozza zur Cluozza-Blockhütte

Einen guten Eindruck des Schweizerischen Nationalparks bekommen die Besucher auf einer Wanderung ins wilde Val Cluozza, dem ursprünglichsten Teil des Parks. Der Weg quert den Fluss Spöl bei der gedeckten Holzbrücke am Dorfausgang von Zernez und steigt dann stetig an, bis man auf der Höhe die Grenze des Schutzgebietes erreicht. Hier steht auch die Gedenktafel für Paul Sarasin, der die Parkidee vorantrieb, nachdem ihm der einheimische Zoologe und Botaniker Steivan Brunies das Val Cluozza gezeigt hatte. Brunies war später erster Oberaufseher des Parks von 1914 bis 1941 und setzte sich auch für die romanische Kultur ein.

Die Strecke führt der rechten Talseite entlang durch lichte Wälder. Immer wieder quert man Lawinenzüge, die bis hinunter an den Cluozza-Bach führen. Nach dreieinhalb Stunden abwechslungsreicher Wanderung durch weitgehend unberührte Natur erreicht man die auf der linken Talseite gelegene Chamanna Cluozza. Hier können sich Tagesgäste verpflegen, die Küche hat einen guten Ruf. Die 1910 erbaute Blockhütte verfügt über eine stattliche Anzahl einfacher Schlafplätze. Wer Tiere beobachten möchte, sollte eine Nacht hier verbringen und abends den Hirschen beim Äsen am gegenüberliegenden Hang zuschauen. Zu einer Cluozza-Übernachtung gehören das Waschen im Toilettenhäuschen mit kaltem Wasser und ein letztes Glas unter dem tiefdunklen Sternenhimmel.

Es lohnt sich, am zweiten Tag den Weg über den Murter zur Ofenpassstrasse zu nehmen. Bereits beim steilen Anstieg ist man von pfeifenden Murmeltieren umringt. Oben auf der Höhe kann es gut sein, dass man auf der weiten Weidefläche Gämsen trifft. Nach einer Rast geht es abwärts bis zum aufgestauten Spöl, über den eine abenteuerliche Brücke führt. Nun ist es nicht mehr weit bis zur Postautohaltestelle Vallun Chafuol.

In der zweiten Julihälfte findet in Zernez das *Nationalpark Kino-Open-Air* statt. Im Hof des Schlosses von Planta Wildenberg wird den Besuchern ein bunter Mix aus Kassenschlagern und Evergreens geboten.

56

Susch erreicht man auf dem
Inn-Radweg
Von Maloja über
Zernez

Informationen:
Veloland Schweiz
Regionale Routen/65
www.veloland.ch

Auf zwei Rädern talabwärts

Inn-Radweg ab Maloja nach Susch

Der Inn-Radweg folgt dem Fluss von Maloja bis nach Passau, dort mündet der Inn in die Donau. Die gesamte Strecke misst rund 360 Kilometer. Die ersten drei abwechslungsreichen Etappen führen durch das Engadin bis ins österreichische Landeck. Rote Wegweiser mit der weissen 65 in einem blauen Quadrat markieren die Route.

Ab Maloja folgt der Weg erst den Seen. Beim Silsersee lohnt es sich, über Isola zu fahren und von dort bis nach Sils zu schieben, denn die Kantonsstrasse ist für Radfahrer nicht zu empfehlen! Ohne grosse Steigungen geht es abseits der Strasse das Tal hinunter. Nach S-chanf folgt ein sehr interessantes Stück mit einigen Gegensteigungen. Der Weg folgt der Bahnlinie. Wenn der Zug eine Brücke überquert, radelt man in ein Tal hinein, überquert einen Bach und meistert eine satte Gegensteigung. Irgendwann geht es dann abwärts und endlich tauchen weit unten die Häuser von Zernez mit der stolzen Kirche auf.

Beim Inn-Radweg kann man in jedem Dorf den Energiespeicher wieder auffüllen. Gerade in Zernez laden verschiedene Restaurants mit Terrasse die müden Radler zur Einkehr. Der Weg folgt dem Inn weiterhin auf der rechten Talseite. Nach zwei kleinen Anstiegen kommt eine Feuerstelle. Hier etwas oberhalb des Weges gibt es einen unheimlichen Ort: La Fuorcha. Zwei Säulen stehen einsam im Gras. Früher wurde ein Balken quer darüber gelegt, fertig war der Richtplatz. Gleich dahinter ist der God da Güstizia, der ziemlich dunkle Wald der Gerechtigkeit.

Das nächste Dorf ist Susch am Fuss des Flüelapasses. Auch dieses Dorf wurde 1499 während des Schwabenkrieges von österreichischen Truppen zerstört. Neben dem eindrücklichen Gefängnisturm La Praschun, dem Plantaturm und dem Kirchturm am Inn steht seit Sommer 2020 der Tuor per Susch, ein zehn Meter hoher und 29 Tonnen schwerer Marmorturm des Unterengadiner Künstlers Not Vital.

Im Familienbad in Zernez mit Aussenschwimmbecken kann man so richtig ausspannen. Kinderspielplatz und Restaurant mit Terrasse vervollständigen das Angebot (www.familienbad.ch).

57

Muzeum Susch
Sur Punt 78
7542 Susch
0041 081 8610303
www.muzeumsusch.ch

Fortezza Rohan
7542 Susch

Kunst mit »Sprachfehler«

Muzeum Susch

Langsam zwängt sich der Transitverkehr zwischen den eng stehenden Häusern von Susch hindurch. Blickt man nach rechts, sieht man kurz die alte Holzbrücke über den Inn und am gegenüberliegenden Hang einige ineinander verschachtelte Gebäude. Lange Zeit war in Susch nicht viel los. Dann entdeckte die polnische Mäzenin und Kunstsammlerin Grażyna Kulczyk den Ort und weckte mit Ideen und Millionen die Bauwerke am Hang aus ihrem Dornröschenschlaf. Das ehemalige Kloster, das im 19. Jahrhundert unter anderem dem Bierbrauen diente, wurde mit viel Aufwand in einen Museumskomplex verwandelt. Seit 2019 lockt er Kunstfreunde nach Susch.

Vom Eingangsbereich des Muzeums in der alten Brauerei, der *Bireria veglia,* führen verschiedene Treppen und Gänge in Räume, in denen namhafte Künstlerinnen und Künstlern präsentiert werden. Kunst und Architektur greifen ineinander. Räume wurden für Werke geschaffen und Werke für Räume. Da die Gebäude unter Denkmalschutz stehen, konnten zusätzlich Ausstellungsflächen nur unterirdisch geschaffen werden, wie die für Heidi Buchers Herrenzimmer oder die in den Stein gehauene Höhle, in der ein polierter Edelstahlzylinder steht, der *Narcissussusch.*

Ergänzt wird die Präsentation durch reizvolle Wechselausstellungen. Im Obergeschoss der Bireria veglia finden in einem lichtdurchfluteten Saal Vorträge und Symposien statt. Gleich nebenan in den holzgetäfelten Stuben des Bistros werden Speisen mit regionalen Produkten angeboten.

Austausch ist für Grażyna Kulczyk sehr wichtig, darum gehört zum Muzeum auch die *Chasa Temporars,* die Künstlerinnen und Künstler auf Wunsch einen Zwischenhalt im Engadin ermöglichen – eine »Fermeda sün dumanda« wie es bei der Durchsage in der Rhätischen Bahn heisst. Das Engadin soll sie für weitere Werke inspirieren.

Hoch über Susch steht die Ruine Fortezza Rohan, erbaut im Dreissigjährigen Krieg. Nach 15 Minuten Aufstieg erreicht man das Haupttor. Neben den Mauern steht ein Rundturm mit Blick ins Tal.

58

Flüela Passhöhe mit Passhotel Flüela Hospiz
Passstrasse
7270 Davos Dorf
0041 081 4161747
www.flueela-hospiz.ch

Kirchner Museum
Promenade 82
7270 Davos
0041 081 4106300
www.kirchnermuseum.ch

IN ZWANZIG MINUTEN UNTEN DURCH

Flüelapass (2.383 Meter) ab Davos bis zum Hotel Flüela Hospiz

Auf der Davoser Seite siedelten im 13. Jahrhundert deutschsprachige Walser. Diese brauchten eine direkte Verbindung für Waren wie Vieh und Butter in Richtung Vinschgau und Tirol, dazu war der damals nur im Sommer begangene Flüelapass bestens geeignet. Im Jahr 1413 überquerte König Sigismund auf seinem Weg vom Vinschgau nach Chur den Ofenpass und den Flüela. Lange Zeit gab es nur einen einfachen Saumweg. Die heutige Strasse über den Pass wurde erst 1866/67 gebaut, die sich von Landquart aus das Prättigau hinaufwindet. Die Umfahrung des Klosters führt über die Sunnibergbrücke, eine elegante 77 Meter hohe Schrägseilbrücke, die in einen Tunnel mündet.

Die Strecke von Davos bis zum Flüela Hospiz wird auch im Winter frei gehalten, hier befindet sich in der kalten Jahreszeit eine Teststrecke von BMW. Im Sommer verkehrt eine sechsspännige Postkutsche. Eine besondere Attraktion ist der See unterhalb des Hospizes. Davos machte sich im letzten Jahrhundert einen Namen bei der Behandlung von Lungenkrankheiten wie der Tuberkulose. In seinem Roman *Der Zauberberg* setzte Thomas Mann den Kliniken ein bleibendes Denkmal. Auf der Südseite des Passes behandelt die Clinica Holistica in Susch in einem modernen Zentrum Stressfolgeerkrankungen. Die in die Jahre gekommenen Hotels, die im Passverkehr eine wichtige Rolle spielten, wurden umgebaut und beherbergen nun Patienten mit Burn-out.

Eigentlich ist der Flüelapass nicht wintersicher. Um die Verbindung ins Unterengadin zu gewährleisten, wurde der Pass mit grossen Anstrengungen offen gehalten. 1999 konnte mit dem Vereinabahntunnel eine ganzjährige Verbindung ins Unterengadin geschaffen werden. Seither benutzen viele Verkehrsteilnehmer den Autozug durch den 19 Kilometer langen Tunnel, der Klosters-Selfranga mit Lavin verbindet. Knapp 20 Minuten dauert die Fahrt durch den Berg.

Das Kirchner Museum in Davos erinnert an den deutschen Expressionisten, der hier 20 Jahre lebte und malte. Einmalige Räume für Kirchners Farben.

59

Alter Dorfbrunnen in Lavin

Kleintheater La Vouta
Suzöl 4
7543 Lavin
www.lavouta.ch

Staziun Bistro Bahnhof
7543 Lavin
0041 079 4385008
www.staziun-lavin.ch

GEGEN DIE ABWANDERUNG

Dorfbrunnen und Kleintheater La Vouta

In einem sanft renovierten Engadinerhaus stösst man auf ein Kleintheater mit 80 Plätzen, La Vouta. Der Name kommt von den Bogen des Tonnengewölbes, die für eine ausgezeichnete Akustik im Raum verantwortlich sind. Mit monatlichen Veranstaltungen wird ein kulturelles Angebot für Einheimische und Gäste angeboten. Hier ist ein Treffpunkt für Leute aus dem ganzen Engadin und den benachbarten Tälern entstanden. Man kennt sich, trifft neue Gesichter, lacht, tauscht sich aus; dies ist wichtig in einem Tal, in dem viele Veranstaltungen nur während der kurzen Saison stattfinden. Es versteht sich von selbst, dass man in La Vouta gemütlich essen kann. Zu jeder Veranstaltung gibt es an der Bar einen speziellen Drink, ausserdem wird Suppe serviert, köstlich und raffiniert zubereitet. Erzähltheater, Jazz oder Kammermusik, Liederabende und noch vieles mehr stehen auf dem Programm von La Vouta. Wem die Räume gefallen, der kann hier gleich eine Ferienwohnung mieten.

Wie viele Engadiner Dörfer wurde Lavin bereits 1499 und dann erneut 1622 durch österreichische Truppen verwüstet, zudem wurden 1869 unzählige Häuser bei einem grossen Dorfbrand zerstört. Ein schleichender Verlust ist die Abwanderung. Oft fehlen Arbeitsplätze und Perspektiven. Neben dem *La Vouta*-Team engagiert sich der Künstler Flurin Bischof mit seiner Gärtnerei für ein lebenswertes Dorf. Vor seinem Haus hat er einen ganz besonderen Dorfbrunnen geschaffen und der Gemeinde geschenkt. Der weisse Trog lädt dazu ein, seine Formen sinnlich zu erfahren. Am Bahnhof ist im alten Stationsgebäude ein Bistro entstanden. Statt einem verlassenen Wartesaal empfängt die Reisenden ein sorgfältig gestaltetes Lokal, das mit Käse und Fleisch aus dem Dorf, mit Bier und Nusstorte aus der Umgebung und mit Veltliner Weinen lockt.

Oberhalb von Lavin stand bis zu einem mächtigen Lawinenniedergang im 17. Jahrhundert der Weiler Gonda, heute ein Ort der Erinnerung an eine alte Kultur.

60

Zutaten für die Engadiner Gerstensuppe im **Hotel-Restaurant Piz Linard**
Plazza Gronda 2
7545 Lavin
0041 081 8622626
www.pizlinard.ch

Engadiner Gaumenschmaus

Traditionelle Küche im Hotel Piz Linard

Die ursprünglichen Gerichte der Engadiner mussten einfach und nahrhaft sein. Für ein gutes Essen braucht es auch heute Getreide und Kartoffeln sowie Gemüse aus dem Bauerngarten. Weitere Zutaten sind Milch, Käse und Butter. Fleisch kam früher nur sonntags auf den Tisch. Bei der Bacharia, der Hausmetzgete im Winter, stellten die Bauern diverse Würste her und räucherten sie im Kamin. Auch eine ordentliche Speckseite gehörte in die Chamineda, die Vorratskammer neben der Küche. Hirsch- oder Gämsfleisch aus eigener Jagd boten eine willkommene Abwechslung.

Sehr gut und einfach herzustellen ist Plain in Pigna. Ein Kilogramm Kartoffeln werden gerieben und mit zwei Esslöffeln Mehl oder Polenta vermischt, dazu kommen 300 Gramm Speckwürfel oder sonstige Wurstwaren. Mit Salz, Pfeffer und Muskatnuss würzen. Das Ganze auf einem Kuchenblech verteilen, etwas Butter dazugeben und etwa eine Stunde bei 180 Grad im Backofen goldbraun werden lassen. Bun Appetit!

Maluns, ein nahrhaftes Kartoffelgericht, schmeckt ausgezeichnet mit Apfelmus, einem Stück Alpkäse und einer ordentlichen Tasse Milchkaffee. Es gibt wohl so viele Rezepte für die Schoppa da Giotta, die wohlschmeckende Gerstensuppe, wie es im Tal Küchen gibt. Auch gleichen keine Pizokel, die einheimischen Spätzle, die aus einer Weizen- und Buchweizenmehlmischung hergestellt werden und die man mit Gemüse wie Spinat oder Mangold vermischt, den anderen. Bestreut mit viel Käse und mit heisser Butter übergossen werden sie in jedem Dorf anders kredenzt.

Aus einem Spätzleteig mit kleinen Salsizstücklein werden Capuns zubereitet. Man schneidet Mangoldblätter zu Rechtecken, anschliessend wird der Teig hineingewickelt. Diese Pakete kocht man dann in Bouillon. Zuletzt werden diese Capuns mit Bergkäse überbacken.

All diese Köstlichkeiten und noch vieles mehr tischt die Küche des Hotels Piz Linard im Arvensaal auf. Die gemütlichen Zimmer im Hotel sind von diversen Designern gestaltet worden. Ruhe oder anregende Gespräche? Alles ist möglich.

61

Brauch Chalandamarz
7545 Guarda
www.scuol-zernez.com/schellen-ursli

Crusch Alba
Chasa 45
Guarda
7545 Scuol
0041 081 8603636
www.cruschalba.ch

DAS URSLI-DORF

Brauch Chalandamarz im Engadiner Dorf

An der Bahnlinie im Tal liegt die Fraktion Giarsun. Hinauf nach Guarda führt eine kurvenreiche Strasse. Der Bau der Talstrasse 1862 hemmte die Entwicklung von Guarda. Zum Glück, muss man heute sagen.

Die neuere Geschichte ist eng mit der Familie Könz oder Chönz verbunden. Iachen Ulrich Könz, aufgewachsen im italienischen Arezzo, kam 1939 mit seiner Frau Selina nach Guarda. Das Hauptwerk des engagierten Architekten, Gemeindepräsidenten, Mitglieds der Bündner Natur- und Heimatschutzkommission und Denkmalpflegers war die Gesamtrestaurierung des Dorfes bis 1945. Seine Frau Selina Chönz erschuf zusammen mit dem Maler Alois Carigiet das weltberühmte Kinderbuch *Schellenursli.* Die Geschichte ist mit Guarda und dem Brauch Chalandamarz verknüpft. So wie Ursli besorgen sich die Knaben Glocken und gehen am 1. März durchs Dorf, um den Winter zu vertreiben. Dieser Engadiner Brauch wird in jedem Dorf etwas anders gefeiert. Das Haus aus dem Kinderbuch ist übrigens die Chasa 51 an der Plazza Suos-cha. Plazza Suoscha. Ein spezielles Erlebnis für Familien ist der *Schellenursli*-Weg, der vom Dorf hinauf zum Maiensäss führt, unter anderem über eine Hängebrücke. Am Ende des Abenteuers kehrt Ursli mit der grossen Glocke zurück ins Dorf. Steivan Liun Chönz, der Sohn von Selina und Iachen, war Zeichner und Sgraffitokünstler. Sgraffiti sind die in den Mörtel geritzten Verzierungen der Häuser. Die Fabelwesen von Steivan Liun Chönz sind im ganzen Engadin an den Fassaden zu bestaunen.

Guarda ist eines der besterhaltenen Engadinerdörfer. Dieses Erbe ist eine grosse Verantwortung für die 150 Einwohner. Als Zeichen gegen die Abwanderung sind Kunsthandwerksbetriebe entstanden, Kräuter werden angebaut und getrocknet.

Das Crusch Alba ist ein gemütliches, kleines Restaurant mit offenem Feuer, gepflegter Bündner Küche und der Drachenecke mit Bild von Steivan Liun Chönz.

62

Wanderung ins Val Tuoi
Startpunkt: Postauto-
haltestelle
7545 Guarda
www.tuoi.ch

UNTERHALB DES PIZ BUIN

Ausflug ins Val Tuoi

Der Weg ins Val Tuoi führt von Guarda aus immer dem Bach entlang. Bald schon sieht man hoch oben den breiten Gipfel des Piz Buin. Es gibt hier im Tal viele Möglichkeiten zur Rast. Oberhalb der Waldgrenze geht es über sattgrüne Wiesen weiter nach oben, schon nach zweieinhalb Stunden erreicht man die Chamanna Tuoi, eine gemütliche Hütte des Schweizerischen Alpenclubs. Etwas länger ist der Weg über die Alp Suot und den Lai Blau. Wenn sich im tiefblauen See die Berge spiegeln, kann man nur dasitzen und staunen. Neben dem Lai Blau locken im Tal auch der Lai Verd und der Lai Grisch, der grüne und der graue See.

Die Chamanna Tuoi ist ein idealer Ausgangspunkt für Bergtouren, Höhenwanderungen und Skitouren im Winter. Auch dem Tagesgast wird einiges geboten. Eine schöne Terrasse mit Blick auf den Piz Buin Grond und den daneben liegenden Piz Buin Pitschen, der kalte Teller mit Trockenfleisch und Käse und die hausgemachten Torten laden zum Verweilen. Eine Übernachtung in der Hütte mit 80 Schlafplätzen lohnt sich allemal. Nach dem gemeinsamen Abendessen an den grossen Tischen bleibt viel Zeit für Gespräche mit den anderen Hüttenbewohnern. Natürlich ist der Schlaf im Massenlager gewöhnungsbedürftig. Dafür erwacht man am Morgen schon mitten in den Bergen. Nach einem herzhaften Frühstück lockt der frühe Aufstieg zum Jamjoch oder zur Fuorcla Vermunt. Im Licht der ersten Sonnenstrahlen eröffnen sich traumhafte Blicke hinüber in die Hochtäler von Vorarlberg und Tirol. Wer genau auf der Grenze stehen will, der muss hinauf auf die Dreiländerspitze, hier treffen Tirol und Vorarlberg auf die Schweiz.

Eine andere abwechslungsreiche Tagestour führt über den Pass Furcletta ins wilde Val Urezzas und hinunter ins Val Tasna mit seinen grünen Alpen. Am Ende des Tales kommt man dann hinunter nach Ardez.

Von der Chamanna Tuoi aus kann man in zwei Tagesetappen über die Jamtalhütte zur Heidelbergerhütte wandern. Dabei sind drei Passübergänge zu meistern.

63

Kunstvoll geschmückte
Hausfassade in Ardez
7545 Ardez
www.ardez.ch

Butia da besch
Bröl 29
7546 Ardez
0041 081 8622379
www.butiadabesch.ch

GEBÄUDE ERZÄHLEN GESCHICHTEN

Engadiner Häuser mit Sgraffitoverzierungen

Die Burg Steinsberg aus dem 12. Jahrhundert überragt Ardez. 1499 wurden im Schwabenkrieg Burg und Dorf zerstört. 1622 wüteten österreichische Truppen im Tal. Ardez konnte sich 1652 freikaufen. Die Bauern betrieben Ackerbau und Viehzucht. Auf der Suche nach Weidegebieten kolonisierten sie bereits im 15. Jahrhundert Vermunt im Montafon und im Paznauntal. Sie trieben das Vieh im Frühling und Herbst über den Vermuntgletscher und die 2.798 Meter hohe Fuorcla Vermunt. Die Reformation im Engadin entfremdete die Gebiete voneinander. Erst 1900 verkaufte Ardez Gross- und Kleinvermunt an die Gemeinde Galtür.
In Ardez leben mehr Schafe als Menschen. In der *Butia da Besch* werden Schafprodukte aus der Umgebung verkauft. Eine Besichtigung des in sich geschlossenen und gut erhaltenen Dorfes lohnt sich. Mehrere Häuser sind im Tirolerstil verziert. Ein einzigartiges Beispiel dieser Fassadenmalerei ist das Adam-und-Eva-Haus an der Hauptstrasse. Entlang der Dorfstrasse und in den Seitengassen gibt es etliche stattliche Engadinerhäuser mit dem typischen Engadiner Sgraffitoschmuck.

Das Wort »Sgraffito« kommt von »graffiare«, was so viel heisst wie »ritzen« oder »kratzen«. Auf einen intakten Untergrund wird Mörtel aus gelöschtem Kalk und feinem Sand aufgetragen. Die Stellen, die verziert werden sollen, werden mit Kalkmilch getränkt. Nun kratzt der Künstler seine Bilder und Ornamente in die Fassade. Wenn das Wasser im Mörtel verdunstet, wird dieser zu festem Kalkstein. Jahrhundertealte Sgraffiti zeugen davon. Bei den Engadinerhäusern wurden die Fenster und Türen mit Umrandungen betont, auch die Hauskanten zieren oft Rechtecke, die gemauerte Steinquader symbolisieren. Ein Meister der Sgraffitokunst war der in Guarda lebende Steivan Liun Chönz, der viele Häuser in Ardez gestaltet hat. Auf den Fassaden tummeln sich Sagengestalten und Wassernixen.

Auf der anderen Talseite liegt Sur En. Zwischen den zwölf Häusern und der kleinen Kirche wurden Szenen des *Schellenursli*-Films gedreht.

64

In Ftan Nusstorte probieren bei

Pastizeria Cantieni
Jordan 50
7551 Ftan
0041 081 8641943
www.cantieni-ftan.ch

Hotel Paradies
Paradies 150
7551 Ftan
0041 081 8610808
www.paradieshotel.ch

EINE DER BESTEN TUORTA DA NUSCHS

Engadiner Nusstorte bei der Bäckerei Cantieni

Der schönste Weg nach Ftan führt von Guarda über Bos-cha. An der alten Strasse hoch über dem Talboden findet man vor Bos-cha die sogenannten Plattas da las Strias, Hexensteine. Es sind Schalensteine, in die Menschen in der Bronzezeit Hunderte von Reliefs geritzt haben, vermutlich zu kultischen Zwecken. Kurz vor Ftan befindet sich die älteste noch funktionstüchtige Holzmühle im Alpenraum. Hier wird seit dem 17. Jahrhundert in harter Arbeit Korn gemahlen. Auch die Arbeit auf den abfallenden Terrassen war sicher mühsam und der Ertrag der Felder bescheiden. Ohne Mehl konnten die Bewohner der Engadiner Dörfer allerdings ihre Spezialität Tuorta da Nuschs Engiadinaisa, die Engadiner Nusstorte, nicht herstellen. Sie besteht aus Mürbeteig, Walnüssen, Butter und Rahm-Caramel. Wer die Tuorta nicht mag, hat vielleicht Freude an dem Paun cun Paira, dem Birnenbrot mit Trockenfrüchten. Jede Bäckerei hat ihr eigenes Rezept, jede Nusstorte schmeckt anders. Die Tuorta da Nuschs soll der Bäcker Fausto Pult 1926 in Samedan erfunden haben – obwohl im Engadin keine Nussbaume stehen.

Eine der drei – meiner Meinung nach – besten Nusstorten kommt aus Ftan von der Bäckerei Cantieni. Probieren muss man selbst, Geheimtipps gibt es viele. Ftan ist auch sonst einen Besuch wert. Das Dorf wurde durch die Lawine im Jahr 1720 unterteilt in das um die Kirche gebaute Ftan Grond und das etwas höher gelegene Ftan Pitschen. Ein Sessellift führt Skifahrer und Schlittler hinauf ins Skigebiet von Motta Naluns. Bei der Bergstation Prui beginnt im Sommer der Flurina-Weg für Familie. Eine schön angelegte Schlittelbahn und die Piste bringen die Wintersportler zurück ins Dorf. Im auf einer Sonnenterrasse hoch über Scuol gelegenen Ort geniesst man eine einmalige Aussicht über das Tal und auf die Unterengadiner Dolomiten wie den Piz S-chalambert, den spitzen Piz Ajüz, den Piz Lischana oder gleich gegenüber den Piz Pisoc.

Wohnen und speisen wie im Himmel? Das Sterne-Hotel Paradies in Ftan bietet Bündner Spezialitäten und eine von Gault Millau ausgezeichnete Haute Cuisine.

RUND UM SCUOL

65

Schloss Tarasp
Sparsels 148
7553 Tarasp
0041 079 4130566
www.schloss-tarasp.ch

Schlosshotel Chastè
Sparsels
7553 Tarasp
0041 081 8613060
www.schlosshoteltarasp.ch

DER STOLZ DES UNTERENGADINS

Schloss Tarasp

Das 1040 erbaute Schloss Tarasp überragt gut sichtbar die Region. Es ist ein Wahrzeichen des Unterengadins. Verschiedene Besitzer beherrschten von der Burg aus die Gegend. Schliesslich kam die Festung 1464 in habsburgischen Besitz und verblieb auch nach der Gründung des Freistaates der Drei Bünde im Jahr 1648 bei Österreich. Im Gegensatz zum Unterengadin ist Tarasp katholisch. Das österreichische Wappen und die Inschrift »Hie Esterreih« an der Mauer erzählen von dieser Zeit. Im Jahr 1803 wurde Tarasp Teil der Helvetischen Republik. Der Kanton Graubünden verkaufte das Schloss, nach mehrmaligem Besitzerwechsel ging das zur Ruine heruntergekommene Anwesen an den Industriellen Karl August Lingner. Der Erfinder des Odol-Mundwassers liess das Schloss aufwendig restaurieren. Eine Holzorgel mit 3.000 Pfeifen wurde eingebaut, es ist ein Genuss, einem Schlosskonzert auf diesem Instrument beizuwohnen. Heute ist das Schloss im Besitz des international renommierten Senter Künstlers Not Vital.

Ein Besuch im Chastè da Tarasp beginnt mit dem Aufstieg zum Tor. Man kann sich gut vorstellen, wie wütende Bauern versuchten, die Festung zu stürmen. Bei einer Führung durch die alten Mauern erwacht jahrhundertealte Geschichte. Prunkvolle Stuben, Schlafgemächer und die grosse Küche erinnern an das Leben der Vögte, die von hier oben über weite Landstriche herrschten. Lingner und die Familie Hessen haben erhebliche Mittel aufgewendet, um das Schloss mit viel Liebe zum Detail einzurichten und zu erhalten. Diese Arbeit führt nun der einheimische Künstler Not Vital weiter.

Im Hotel Chastè in Sparsels gleich unterhalb des Schlosshügels wird man nach allen Regeln der Kunst verwöhnt. Rudolf Pazeller und sein Küchenteam zaubern Träume auf die Teller. Kaum ein Steinwurf vom Schloss entfernt befindet sich der See von Tarasp, ein lauschiger Ort für einen gemütlichen Spaziergang.

Am Fusse des Schlosses liess Not Vital 2018 das frei zugängliche *House to watch the sunset* errichten, ein 13 Meter hoher Turm. Drei Treppen führen hinauf zu den vier Stockwerken.

66

Kurhaus Tarasp
7550 Scuol

Kulturzentrum Fundaziun Nairs/Zentrum für Gegenwartskunst
7550 Scuol
0041 081 8649802
www.nairs.ch

ENGADINER HEILQUELLEN UND KUNST

Kurhaus Tarasp und alte Bäder

Die ersten Badegäste im Unterengadin kamen aus Tirol und wohnten bei den Bauern der Gegend. Nachdem die Heilquellen aber immer mehr Leute ins Tal lockten, wurde direkt am Inn 1864 das Kurhaus errichtet und in der prächtigen Trinkhalle Mineralwasser ausgeschenkt. 1897 öffnete in Vulpera das prunkvolle Jugendstilhotel Waldhaus seine Tore, um 1900 folgte der Schweizerhof.

Auf dem Weg zwischen der heute geschlossenen Trinkhalle und Waldhaus gab es mehrere Toilettenhäuschen, denn das Wasser aus der Luziusquelle war für seine treibende, entschlackende Wirkung bekannt. Vor dem Ersten Weltkrieg nannte man Vulpera »Karlsbad der Alpen«. Wenn man heute durch Vulpera spaziert, ist nicht mehr viel übrig von der einstigen Pracht. An das 1989 durch Brandstiftung zerstörte Hotel Waldhaus erinnert ein Park mit Aussicht auf das gegenüberliegende Scuol. Ausserdem erstreckt sich zwischen Tarasp Fontana und Vulpera ein schöner Golfplatz. Das Hotel und Kurhaus Scuol Palace unten im Tal stand immer wieder leer. Auch die Trinkhalle *Büvetta*, ein Jugendstilbau auf der anderen Seite des Inns, ist wegen Felssturzgefahr vorübergehend nicht zugänglich. In einem Gebäude beim Parkplatz sprudelt kalziumhaltiges Mineralwasser aus der Carolaquelle.

Neben dem Palace direkt am Fluss steht ein lang gezogener Bau. Im 1913 in neuklassizistischer Architektur mit Jugendstilelementen erbauten Bäderhaus befindet sich das Kulturzentrum Nairs. Nairs ist eine Stiftung mit breiter Unterstützung im Tal. Im Haus leben und arbeiten im Sommer Künstler aus verschiedenen Sparten. Das Innere des Gebäudes ist noch weitgehend im Originalzustand. Im Erdgeschoss sind die Bäder untergebracht. Die Ruheräume sind gegen den Park hin angelegt. Eine breite Marmortreppe führt ins erste Stockwerk hinauf. Ausstellungen und Veranstaltungen im Haus schaffen Kontraste zwischen Alt und Neu!

An warmen Sommertagen lockt das 1930 erbaute Freibad Vulpera mit seiner grosszügigen Liegewiese und einem auf 26 Grad geheizten 30-Meter-Becken.

67

Chasa Monreal
Verein Movimento
Stradun 412
7550 Scuol
0041 081 8603114
www.movimento.ch

VEREIN MOVIMENTO

Chasa Monreal mit Café und Laden

Nicht weit von der Post entfernt steht die Chasa Monreal mit einem schönen Gartencafé und Laden. Ein freundliches »Allegra« schallt den Gästen entgegen. Hier leben und arbeiten Menschen mit einer Behinderung, gestalten ihren Alltag und betreiben den Laden und das Café. In der gewohnten Umgebung arbeiten, im Tal und der eigenen Sprachregion. Dies erscheint heute selbstverständlich, lange Zeit war dies nur Vision. Menschen mit einer Behinderung mussten für ihren Arbeitsplatz nach Davos, Chur oder Tiefencastel fahren. Erst 1989 konnte der Traum von einigen Idealisten verwirklicht werden: Die Ufficina, die geschützte Werkstätte in Samedan, öffnete ihre Tore. Zum Betrieb im Erdgeschoss des alten Spitals gehören diverse Werkstätten sowie ein Laden, in dem wunderschöne Webarbeiten verkauft werden. Dazu kommt ein Wohnheim. All das gehört zum Angebot des Vereins Movimento.

In der Schreinerei entstehen Spielwaren, in der Weberei Kissenbezüge und Tischdecken, in verschiedenen Ateliers werden Taschen genäht, Kerzen gegossen und Karten hergestellt. Ausserdem vergibt das lokale Gewerbe einfache Aufträge, die Abwechslung bringen und gerne ausgeführt werden. Dazu kommen interessante Arbeitsplätze im Hausdienst. Mehr als 90 Menschen finden in einem der Betriebe einen Arbeitsplatz. Es wird gewohnt, gelacht, Sport getrieben. Integration ist das Schlüsselwort, die Menschen bleiben in ihrer Umgebung, können Kontakte pflegen und sind in der Gemeinschaft aufgehoben. Natürlich nehmen die Werkstätten auch gerne an den vielen Dorfmärkten teil und bereichern so das Angebot.

Warum also nicht an einem Sommertag im Garten der Chasa Monreal sitzen und sich mit Kaffee und selbst gemachten Kuchen verwöhnen lassen? Und die Souvenirs aus Filz und der hausgemachte Likör aus dem Laden eignen sich ausgezeichnet als Mitbringsel.

Legendär ist der Adventsmarkt in der Ufficina in Samedan. Die Küche läuft auf Hochtouren und die Südbündner geniessen Marroni und Glühwein.

68

Bad/Bogn Engiadina Scuol
Via dals Bogns 323
7550 Scuol
0041 081 8612600
www.bognengiadina.ch/

DIE BÄDERKÖNIGIN DER ALPEN

Bogn Engiadina

Nach einem Tag auf der Skipiste, nach einer Wanderung im Nationalpark oder einfach so: Ein Besuch im Bogn Engiadina tut echt gut. Wer gerne ruhig im Wasser liegt, in die Landschaft hinausschaut und gemütlich auf einem Liegestuhl sein Buch lesen will, benutzt das Bad am besten morgens. Nachmittags tummeln sich Familien mit Kindern und viele junge Leute im Wasser. Der zentrale Raum des Bogn verfügt über ein geräumiges Becken und einen grossen Sprudeltopf. Von hier aus gelangt man zu den Aussenanlagen mit einem kreisförmigen Strömungskanal, alles mit Blick hinauf zu den Felsgipfeln der Unterengadiner Dolomiten.

Um 1878 entstand das Badehaus Scuol mit zwanzig Holzbadewannen in einfachen Badekabinen. Die Anzahl Kabinen wurde laufend erhöht, ab 1956 kam im Badehaus der Winterbetrieb dazu. Zu einer Kur in Scuol gehören Fangopackungen, Bäder, Massagen und Trinkkuren. Die Behandlungen, so Ärzte in wissenschaftlichen Publikationen, wirken durch das subalpine Klima und die reizvolle Landschaft, dazu kräftige ein Kohlensäurebad das Herz. Die Glaubersalzwasser haben eine gallentreibende und abführende Wirkung und verbessern die Leberfunktion. Die Vielfalt der Quellen machte Scuol-Tarasp-Vulpera vor 100 Jahren zum grössten und bekanntesten Badekurort der Schweiz.

Bedingt durch die Weltkriege und die moderne Medizin stagnierte der Bädertourismus. Das neue Bad von 1993 entspricht nun den veränderten Bedürfnissen nach Wellness. Der Stolz der Anlage ist das Römisch-Irische Bad, das eine Kombination von feuchter und trockener Wärme in schön gestalteten und abwechslungsreich angeordneten Räumen bietet. Gut zwei Stunden dauert der Rundgang durch die Bäderlandschaft, ein Weg durch Dampfbäder, Whirlpools und Massagen. Im Eingangsbereich des Bogn Engiadina können die bekannten Scuoler Mineralwasser versucht werden.

»Engadin Wellness und mehr«, heisst das Angebot von drei Hotels. Sie bieten freien Zutritt zum Bogn, Skipass und Sportbus im Winter, Gondelbahn und öffentlicher Verkehr im Sommer.

69

Mineralquellenweg
Starpunkt zu den Dorfbrunnen Scuol:
Bogn Engiadina Scuol
Via dals Bogns 323
7550 Scuol
www.mineralquellen-scuol.ch

Wo die Kühe Sauerwasser saufen

Mineralquellenweg

Beim ellipsenförmigen Unterengadiner Fenster wurde durch Erosion der einstmals überlagerte Bündnerschiefer sichtbar. In der Umgebung von Scuol treten mehrere Mineralquellen und auch reine Kohlensäure aus dem Untergrund. Je nach Verweildauer im Gestein sind die Wasser verschieden stark mineralisiert und mit unterschiedlich viel natürlicher Kohlensäure angereichert. Die vielfarbigen Ablagerungen weisen auf Eisen und Chlorid, Kalzium, Magnesium oder Natrium und Sulfat hin.

Drei Mineralwasserwege führen zu den verschiedenen Quellen rund um Scuol. Der 7,4 Kilometer lange Weg *Curas da baiver* führt vorbei an den Städten der alten Bäderkultur. Die Strecke *Tres il god* führt 10,6 Kilometer durch den Wald zu einem riesigen Quelltuff. Die gemütliche, 5,2 Kilometer lange Wanderung *Bügl e funtauna* verbindet Brunnen und ihre Mineralquellen. Am Inn liegt die Bonifaziusquelle. Das Wasser wirkt bei Osteoporose und gegen Harnsteine.

Gleich vier Quellen entspringen in der Nähe von Nairs. Hier wurde von den Kurgästen fleissig Bonifazius, Lucius und Emerita getrunken. Die Glaubersalzquellen Lucius und Emerita helfen bei Magen-, Darm- und Gallenblasenleiden. Das entschlackende Heilwasser der Luciusquelle, das stark nach Schwefel riecht, wurde um 1880 auch nach Übersee exportiert. Sfondraz ist stark kalziumhaltig. Ein eigenes Gebäude hat die Carolaquelle, benannt nach der Sächsischen Fürstin, die um 1880 zur Kur weilte. Die bei Sportlern beliebte Lischana-Quelle liegt idyllisch gegenüber von Scuol auf der anderen Innseite. Auf Knopfdruck strömt magnesiumhaltiges Wasser. Man kann auch an den verschiedenen Dorfbrunnen von Scuol Mineralwasser trinken, das jeweils aus der rechten Röhre sprudelt. Drei schöne Quellen befinden sich oberhalb des Dorfes. Bei der Clozzaquelle gibt es ein Sichtfenster und Licht, sodass man in die schäumende Quelle blicken kann.

Gegenüber der alten Trinkhalle in Nairs liegt direkt am Inn die Büvetta Sfondraz. Ein paradiesischer Ort, um etwas zu essen.

70

Café Benderer
Center Augustin
7550 Scuol
0041 081 8641533
www.benderer.ch

Metzgerei Hatecke
Center Augustin
7550 Scuol
0041 081 8641175
www.hatecke.ch

KAFFEEPAUSE MIT DER ENGADINER POST

Café Benderer im Center Augustin

Scuol wird durch die Hauptstrasse geteilt. Oberhalb liegt Scuol Sura mit engen Gassen, unterhalb Scuol Sot mit den schönen Plätzen. Stattliche Hotels und Geschäftshäuser sowie einige ältere Villen säumen die Hauptstrasse, die hier Stradun, grosse Strasse, genannt wird. Hinter dem Bogn liegt das Center Augustin, ein Versuch in Beton, am Ende der Flaniermeile Stradun einen baulichen Akzent zu setzen. Auf beiden Seiten der Strasse ist hier nun ein kleines Zentrum entstanden. Unter den Arkaden des Center laden diverse Geschäfte mit Spezialitäten zum Bummeln ein, im Schutz des Vordaches ist eine Begegnungszone entstanden, genug Platz für einen Schwatz. Im oberen Stockwerk des Gebäudes befindet sich das Studio des romanischen Radios, neben den Geschäften ein Café.

Wer in einer fremden Gegend ist, sollte sich die Lokalzeitung besorgen und sich dann in ein gemütliches Café setzen. Das Benderer im Center Augustin ist so ein Ort, wo man in Ruhe die Engadiner Post lesen kann. Ein »Allegra« empfängt den Gast, ein »Allegra« als Antwort zaubert ein Lächeln auf das Gesicht der Bedienung. Hier in Scuol wird ganz selbstverständlich romanisch gesprochen. Territori Rumantsch, romanisches Territorium. Die Handwerker am Stammtisch sprechen ebenso romanisch wie die Hausfrauen weiter drüben beim Morgenkaffee.

Die Engadiner Post ist eine übersichtlich gestaltete Zeitung mit einem schönen Schriftbild und teils farbigen Fotografien. Touristische Themen wechseln sich mit der Lokalpolitik ab. Das reichhaltige Kulturprogramm im Tal wird vorgestellt, ausserdem würdigt man die Leistungen der hier wohnhaften Sportler und der Vereine. Immer wieder spannend sind die Inserate. Eine Spezialität in der Zeitung ist die *Posta Ladina,* mehrere romanische Seiten über das Leben im Unterengadin und dem Val Müstair.

Die Metzgerei Hatecke verkauft Würste und Trockenfleisch, die mehr sind als ein Lebensmittel. Ein sorgsam verpacktes Kulturgut, fast zu schade zum Essen!

71

Punt da Gurlaina
Vor dem Kirchhügel
Punt
7550 Scuol

Informationen zum Nationalpark Bike-Marathon:
Tourismus Engadin Scuol
7550 Scuol
0041 081 8618800
www.scuol-zernez.engadin.com
www.bike-marathon.com

DAS ZIEL VOR AUGEN

Punt da Gurlaina und *Nationalpark Bike-Marathon*

Hoch über dem Inn steht eine markante Eisenbrücke. Die Punt da Gurlaina, ein Wahrzeichen des Ortes, führt von Scuol hinüber zum gleichnamigen Wald und zum Campingplatz. In der Blütezeit der Hotellerie um 1905 wurde die mit Holzplanken bedeckte Stahlkonstruktion, die auf zwei hohen Pfeilern ruht, als Verbindung für Fussgänger errichtet. Gegen ein Entgelt von 20 Rappen konnten Kurgäste und Einheimische ohne den mühseligen Abstieg hinunter zum Inn hinüber auf die Talseite von Vulpera wechseln.

Für Mountainbiker ist die Punt da Gurlaina einer der Höhepunkte des *Nationalpark Bike-Marathons,* der jeweils Ende August stattfindet und rund um den Schweizerischen Nationalpark herumführt. Die längste Strecke misst 138 Kilometer und weist eine Höhendifferenz von 4.010 Meter auf. Startorte sind auch Fuldera im Münstertal, Livigno in Italien und S-chanf im Oberengadin. Der Abschnitt ab S-chanf ist sehr beliebt, er misst 47 Kilometer und führt auf einer abwechslungsreichen Route erst auf der rechten Talseite der Bahnlinie entlang bis Zernez. Weitere Härtetests sind die Aufstiege von Lavin nach Guarda und von Ardez nach Ftan. An den Verpflegungsständen nimmt man sich Zeit für einen Schwatz und füllt die Trinkflaschen auf. Auch die grossen Dorfbrunnen laden zu einer kurzen Pause, schliesslich müssen die verspritzten Brillengläser gespült und das Gesicht gewaschen werden. Ab Ftan geht es dann über 500 Höhenmeter hinunter nach Scuol.

Auf gesperrten Strassen erreicht man geschafft Scuol. Angefeuert von unzähligen Zuschauern geht es hinauf zum Sportzentrum Gurlaina. Im Zielraum hat man seinen ganz persönlichen Sieg errungen. Beim Rückweg über die Punt da Gurlaina bleibt man stehen und schaut auf den schäumenden Inn hinunter. Wer bei den Steigungen noch aufgeben wollte, freut sich riesig auf die nächste Austragung.

Die Tour um den Nationalpark wird auch als mehrtägige Variante mit organisiertem Gepäcktransport angeboten. Jeden Abend grüsst dann ein anderes Tal.

72

Brauch Hom Strom

Museum d'Engiadina Bassa
7550 Scuol
0041 076 5424351
www.museumscuol.ch

Chantunet da Cudeschs
Stradun 297
7550 Scuol
0041 081 8649430

FEUER UND LICHT IM WINTER

Brauch *Hom Strom* und *Museum d'Engiadina Bassa*

»L'Hom Strom es ün bel hom / ün hom da nom e pom / chi metta sü il buol / a nos cumün da Scuol«, wird am ersten Februarsamstag lauthals gesungen. »Der Mann aus Stroh ist ein schöner Mann. Ein rechtschaffener Mann, der unserer Gemeinde Scuol den Stempel aufdrückt!« Der Hom-Strom-Brauch wird nur in Scuol gefeiert. In der dunklen Jahreszeit opfern die Bauern Stroh, um für eine gute nächste Ernte zu bitten.

Im *Museum d'Engiadina Bassa* finden die Besucher Hintergrundinformationen zum Leben und Brauchtum im Unterengadin. Fundgegenstände beweisen, dass der Ort bereits in prähistorischer Zeit besiedelt war. Alltagsgegenstände zeigen, wie frühere Generationen das oft harte Leben im Alpenraum gemeistert haben. Neben der Landwirtschaft spielte auch die Religion eine grosse Rolle. Die Bibliothek enthält die erste auf romanisch übersetzte und in Scuol gedruckte Bibel.

Für den Hom Strom braucht es viel Roggenstroh, mit seinen langen Halmen brennt es besonders gut. Auf dem Platz neben dem Museum drehen Schülerinnen und Schüler armdicke Stränge. Diese müssen um einen etwa neun Meter hohen Mast gewickelt werden. Die Dorfbevölkerung kommt vorbei und begutachtet den Strohmann, der am Ende einen Durchmesser von eineinhalb Metern hat. Am späteren Nachmittag ziehen Pferde den Hom Strom hinüber nach Gurlaina. Dort stellen ihn die Lehrer und die Mitglieder des Gemeinderates auf. Die älteren Schüler bewachen den Strohmann vor Lausbuben. Wenn die Turmuhr 20 Uhr schlägt, zünden die älteren Knaben das Stroh mit Feuerkugeln an. Sobald das Stroh richtig lodert, singen Erwachsene und Kinder das Hom-Strom-Lied. »Las flammas van in ot / portand al Segner lod / chi'ns dosta dal malom / eviva nos Hom Strom«, heisst es in der letzten Strophe. »Die Flammen gehen in die Höhe und bringen dem Herren Lob, der uns vom Bösen bewahrt. Hoch lebe unser Hom Strom!«

Am Ende des Stradun liegt *Chantunet da Cudeschs, eine* kleine und dennoch ganz grosse Buchhandlung.

78

Motta Naluns
Ab Via da Ftan 495
7550 Scuol
0041 081 8611414
www.bergbahnen-scuol.ch

SCHNEE, HÜTTENGAUDI, TRAUMPISTE

Skigebiet Motta Naluns

Lange Zeit war Scuol ein Badekurort. Erst 1950 konnte man den Gästen eine Wintersaison mit Skischule, Eisplatz und Trinkkuren bieten. Lange nach den Oberengadiner Bergbahnen wurde 1956 die Seilbahn Scuol–Motta Naluns eröffnet und laufend modernisiert. Dazu kamen in den folgenden Jahren die verschiedenen Liftanlagen im Skigebiet. Rund 80 Kilometer präparierte Pisten bieten Skifahrern und Snowboardern eine ganze Palette von Möglichkeiten. Das Gebiet ist sehr übersichtlich, daher ist es ideal für Familien mit Kindern. Für die Kleinen gibt es das Kinderland mit drei verschieden langen Zauberteppichen. Bei schönem Wetter treffen sich die Gäste auf der Terrasse des Bergrestaurants La Motta und geniessen bei einem guten Glas Wein sowie Bündner Spezialitäten die einmalige Aussicht über das Tal und die gegenüberliegenden Bergspitzen. Fröhliche Hüttenstimmung herrscht im Bergrestaurant Alpetta in Jonvrai. Hier gibt es hausgemachte Gerstensuppe, Capuns oder ein halbes Hähnchen zum Warmwerden. Sobald die Sonne für angenehme Temperaturen sorgt, ist auf der Terrasse die sternförmige Bar in Betrieb mit Scuoler Schnitzwasser, Bier aus Tschlin oder dem Alpetta Kafi. Der Grill wird angeworfen und in einer grossen Pfanne brutzelt eine Überraschung!

Für Spaziergänger gibt es den Winterwanderweg von der Bergstation hinüber nach Prui oberhalb von Ftan. Frische Luft macht hungrig und durstig, das Bergrestaurant Prui bei der Bergstation des gleichnamigen Sessellifts lädt zum Holzfällersteak. Von Prui aus führt ein Schlittelweg hinunter nach Ftan.

Der absolute Höhepunkt im Skigebiet Motta Naluns ist die 10 Kilometer lange Traumpiste von Salaniva auf 2.710 Metern hinunter nach Sent auf 1.430 Metern. Breite Hänge, berauschende Schussfahrten und dies abseits der Skilifte. Zurück nach Scuol kommen die Skiläufer mit dem Sportbus.

Im Sommer kann man mit Miet-Trottinetts über Alpwege von der Bergstation Motta Naluns über Prui und Ftan wieder hinunter nach Scuol fahren.

74

S-charl mit Museum Schmelzra
S-charl
7550 Scuol
www.schmelzra.ch

Gäste-Info Scuol
7550 Scuol
0041 081 8618800
www.engadin.com

IM TAL BEI DEN BÄREN UND BERGLEUTEN

Dorf S-charl mit Museum Schmelzra

Der Eingang zum Val S-charl ist ein geschichtsträchtiger Ort. Mutige Frauen aus Scuol verhinderten im Jahr 1621, dass die aus dem Val S-charl kommenden österreichischen Truppen unter Baldiron den Inn überqueren konnten. Seit dieser Zeit sitzen sie in der Kirche auf der rechten Seite, die üblicherweise den Männern zugedacht war. Bis hinein nach S-charl führt eine schmale Strasse, hier verkehrt im Sommer regelmässig der Postbus. Abgesehen von der ersten Steigung ist die Strecke auch mit dem Rad angenehm zu fahren. Nach etwa 13 Kilometern erreicht man beim Museum Schmelzra den Ort S-charl. Die Ruinen der Schmelzra gehörten zum Bergwerksbetrieb, hier wurde bis 1829 Bleierz und Silber abgebaut. Das Museum zeigt die wechselhafte Bergbaugeschichte des Tales und stellt dar, wie am Mot Madlaina über dreihundert Jahre von Hand Erz abgebaut wurde. Zudem erfahren Sie in einer vom Nationalpark gestalteten Ausstellung alles über Meister Petz.

An der Postauto-Haltestelle bei der Ravitschana-Brücke startet die Senda da l'Uors, der zweistündige Bären-Erlebnisweg mit neun interaktiven Posten. Ganz in der Nähe wurde 1904 der letzte Bär erlegt. Die leichte Wanderung ist ideal für Familien. Ziel ist das Museum Schmelzra, auf der Wiese gleich daneben ist ein Spiel aufgebaut, um das neu erworbene Bärenwissen zu testen. In S-charl selber fällt das grosse Knappenhaus auf. Hier lebten über viele Jahre die Südtiroler Arbeiter des Bergwerks, die sogenannten Knappen. Die abgebauten Erze wurden über den Cruschettapass abtransportiert, der hinüber nach Taufers im Südtirol führte. Im seit 1950 meist nur noch im Sommer bewohnten Weiler kann man sich dank der absoluten Stille besonders gut erholen. Sowohl das Gasthaus Mayor wie auch das Hotel Crusch Alba verfügen über schöne Zimmer. Auch sind die beiden Gasthäuser für ihre Wildküche bekannt.

Bei Gäste-Info Scuol kann man sich für Exkursionen in die Stollen am Mot Madlaina oberhalb von S-charl anmelden. Der Alltag der Bergleute wird erfahrbar.

75

Pass da Costainas ins Val S-charl
Starpunkt: Postauto-haltestelle
7453 Lü
0041 081 8503606
www.alpineastrovillage.net

Die romanische Seele im Arvenwald

Pass da Costainas (2.251 Meter) ab Lü ins Val S-charl

Ausgangspunkt für die Wanderung ist Lü im Val Müstair, erreichbar von Zernez aus über den Pass dal Fuorn mit dem Postauto. Lü ist ein kleines Dorf auf einer Sonnenterrasse hoch über dem Tal mit stattlichen Häusern und nur noch knapp 70 Einwohnern. Auf der Mauer vor der schlichten Kirche trifft man auf die Jakobsmuschel. Der Bündner Jakobsweg, die Via Son Giachen, führt vom Kloster Müstair her kommend ebenfalls über den Pass da Costainas. Diese alte Säumerroute ist heute sowohl bei Wanderern als auch bei Mountainbikern sehr beliebt. Von Lü auf 1.920 Metern steigt der Weg langsam an bis zur Alp Champatsch mit einer schön gelegenen Gastwirtschaft. Nun folgt ein kurzer und steiler Aufstieg bis zu einer einsamen Hütte mit guter Sicht hinunter ins Val Müstair, dann geht es gemächlich hinauf bis zur Passhöhe. Rechts oben die imposante Silhouette des Piz Terza.

Der Weg führt über Weiden und durch ein breites Tal mit Legföhrenwäldchen bis zur Alp Astras auf 2.135 Metern. Von hier aus folgen wir der Alpstrasse bis zur Alp Praditschöl und kommen an die Clemgiabrücke. Auf der rechten Seite des Tales erstreckt sich der God da Tamangur, der höchstgelegene geschlossene Arvenwald Europas.

»Al veider god, chi pac a pac gnit sdrüt, / sumeglia zuond eir nos linguach prüvà, / chi dal vast territori d'üna jà / in usché strets cunfins uoss'es ardüt. / Scha'ls Rumanschs nu fan tuots il dovair lur, / jaraj'a man cun el, sco Tamangur.« So beschreibt der romanische Dichter Peider Lansel diesen für die Romanen so wichtigen Ort. Er vergleicht den nach und nach zerfallenden, alten Wald mit der geliebten Muttersprache, die in die heutigen, engen Grenzen zurückgedrängt wurde. Er ruft die Romanen auf, ihre Pflicht zu tun, damit es mit der Sprache nicht so weit komme wie mit Tamangur. Doch Tamangur lebt, ein Hoffnungsschimmer für das Rätoromanische!

Auf der Alp Astras auf 2.153 Metern hinter dem Pass da Costainas schmecken die hausgemachten Milkshakes nach einer Tour besonders gut. Auch den Käse und den Salsiz mit Brot sollte man versuchen.

76

Kirchenruine San Peder
Am westlichen Dorf-
eingang
7554 Sent
www.sent-online.ch

Engadiner Sentergiebel
Am Hauptplatz
7554 Sent

Wo das Heimweh zu Hause ist

Kirchenruine San Peder und Sentergiebel

Oberhalb der von Bäumen gesäumten Strasse steht beim Dorfeingang im Westen die verfallene Kirche San Peder mit ihrem romanischen Turm. Darin befand sich die Schreibstube des Schriftstellers Peider Lansel. In einem Gedicht lobt er die treuen Schwalben, die über die Alpen ziehen und immer wieder in ihr Dorf zurückkehren. Lansel, der in Pisa geboren wurde und zeitlebens hin- und herreiste, kannte das Gefühl: »Increschantüm« – Heimweh. Man sagt, die Engadiner hätten sogar zu Hause Heimweh!

Die Emigration prägte das Leben in Sent. Wer es zu etwas bringen wollte, musste in die grosse Welt hinausziehen. Waren die Glückssuchenden in der Fremde erfolgreich, kehrten die nach den Schwalben benannten »Randulins« zurück und erbauten prächtige Domizile. Über Generationen kamen sie, Zugvögeln gleich, im Sommer wieder in die Heimat, öffneten Türen und Fensterläden, und für einige kurze Ferienwochen wurde den stattlichen Bauten Leben eingehaucht. Charakteristisch für viele dieser prunkvollen Häuser in Sent ist der barock geschwungene Sentergiebel. Stolz präsentiert sich der Hauptplatz mit dem hoch über dem Tal stehenden schlanken Glockenturm.

Ein wichtiger Teil der Engadiner Kultur war und ist die romanische Sprache. Mit zunehmendem Tourismus verlor sie jedoch vor allem im Oberengadin an Bedeutung. Mit seinem Kampfruf »Ni Italians, ni Tudais-chs, Rumantschs vulain restar!« – »Weder Italiener noch Deutsche, Romanen wollen wir bleiben!« – warb Lansel 1913 vehement für den Gebrauch der Muttersprache. Im Jahr 1938 wurde das Romanisch per Volksabstimmung vierte Landessprache der Schweiz. Die 91,6 Prozent Ja-Stimmen waren ein Akt der Selbstbestimmung am Vorabend des Zweiten Weltkriegs. Heute sprechen noch etwa 60.000 Menschen Romanisch, gerade mal ein halbes Prozent der Bevölkerung.

In einer einstündigen Führung zeigt Fritz Rüdlinger sein typisches Engadinerhaus samt altem Interieur aus dem Familienbesitz und erklärt mit viel Fachwissen die Funktionen von Räumen und Objekten.

11

Parkin Not Vital
Unterhalb der Strasse
beim Dorfeingang
7554 Sent
www.fundaziun.notvital.ch

Alberto-Giacometti-Museum
In der Pensiun Aldier
Plaz 154
7554 Sent
0041 081 8603000
www.alberto-giacometti-museum.ch

GROSSE KUNST IM KLEINEN DORF

Skulpturenpark *Parkin* von Not Vital

Unterhalb der Strasse beim Dorfeingang liegt der *Parkin Not Vital.* In dieser kleinen Oase wollte sich der Auswanderer Lüzza Crastan eine Villa bauen. Wege wurden angelegt, eine Terrasse und ein Schwimmbad errichtet. Dann kam der Krieg und der Park verwilderte.

1997 kaufte ihn der international bekannte Künstler Not Vital, der zwischen Sent und seinen Ateliers in Agadir und Peking pendelt und auch in Besitz des Schlosses Tarasp ist. Zusammen mit seinem Bruder rodet er das Unterholz und stellt den alten Zustand wieder her. Im *Parkin von Not dal Mot,* einem Skulpturenpark, lässt er seiner Fantasie freien Lauf. So hat er neben einem in den Boden versenkbaren Zweitwohnsitz eine Brücke aus Eselsköpfen gebaut, die an eine Erzählung erinnert, in der die Senter einen Esel erlegten und ihn für einen grossen Hasen hielten.

Noch mehr Kunst kann in der *Pensiun Aldier* bestaunt werden. Das charmante kleine Hotel steht direkt am Dorfplatz. Im Gewölbekeller hat der Hotelier Carlos Gross ein feines Museum für einen grossen Künstler eingerichtet: Darin zeigt er seine einmalige Grafiksammlung von Alberto Giacometti mit mehr als 200 Objekten, darunter zwei originale Lithosteinen. Ausserdem beherbergt das Haus einige Objekte des Designers Diego Giacometti sowie Fotoaufnahmen von Ernst Scheidegger, der die Arbeit des Künstlers über Jahre hinweg begleitete.

Ein weiterer wichtiger Ort für kulturell interessierte Einheimische und Gäste ist die Grotta da Cultura *(www.grottadacultura.ch).* Im ehemaligen Tourismusbüro wurde eine Bar eingerichtet, hier finden Ausstellungen und kleinere Veranstaltungen wie Vorträge oder Lesungen statt. An der Ecke zum Hauptplatz bietet der Piertan, ein ursprünglicher Hausgang, Platz für grössere Veranstaltungen wie Konzerte oder Theatervorstellungen.

In der Lounge der Pensiun Aldier, einer Arvenstube mit gemütlichen Ledermöbeln, lässt man den Tag mit guten Gesprächen und dem passenden Getränk ausklingen.

78

Kurhaus Val Sinestra
7554 Sent
0041 081 8663105
www.sinestra.ch

Berghaus Val Sinestra
0041 081 8663452

EIN SPUKSCHLOSS FÜR DIE HOLLÄNDER

Kurhaus Val Sinestra

Nur schon wegen der Landschaft sollte man ins Val Sinestra wandern. Oder sich von einer Pferdekutsche bis zum Kurhaus chauffieren lassen. Von hier aus führen schöne Wege weiter ins Tal hinein. Die Natur im Val Laver und im Val Chöglias ist einzigartig. Sehenswert sind auch die Erdpyramiden in Prà San Peder. Nach der Überquerung von zwei Hängebrücken gibt es in der Bergwirtschaft Griosch Spaghetti al Pesto mit frischen Kräutern oder eine Engadiner Wurst vom eigenen Wollschwein.

Die Hauptattraktion im Tal ist das Kurhotel, das mit seinen 11 Stockwerken auf einem 15 Meter hohen Felsvorsprung steht. Hier im engen und schattigen Tal zwischen hohen Gipfeln bauten vor über 100 Jahren geschäftstüchtige Unternehmer eine Mischung aus Klinik und Schloss in die Wildnis. Grund waren die stark arsenhaltigen Quellen, die Heilung bei Hautkrankheiten, Schwächezuständen und Blutarmut versprachen. Bis heute hat sich kaum etwas verändert im unteren Stockwerk des Hauses, die langen Gänge mit den kleinen Zellen und den altertümlichen Emaillewannen sind geblieben. Nach Jahren des Niedergangs blieben die Gäste schliesslich ganz aus. 1978 kaufte ein Niederländer das Haus. In die oberen Stockwerke ist das Leben zurückgekehrt. Gäste, vor allem aus Holland, schätzen den familiären Rahmen, den altehrwürdigen Charme des Hauses und die anständigen Preise. Dafür legen sie auch gerne mal Hand an. Im Speisesaal aus der Belle Époque und im Salon herrscht eine lockere Stimmung.

Neben den regulären Gästen beherbergt das Hotel auch einen Geist, der sich im Untergeschoss in den Bädern eingerichtet hat. Dieser Mitbewohner macht sich immer wieder bemerkbar. Fenster öffnen sich, Musik wird lauter, in verschlossenen Räumen geht das Licht an. Die Holländer scheint dies nicht zu stören, sie fühlen sich wohl im Spukschloss.

Unterhalb des Kurhauses liegt das kleine Berghaus, geeignet für Gruppen und Familienfeiern. Das Essen auf der Veranda an einem Winterabend ist ein Erlebnis.

79

Val d'Unina
Startpunkt: Camping Sur En
Sur En
7551 Sent
0041 081 8663544
www.sur-en.ch

Seilpark Engadin
Sur En
7554 Sent
0041 081 8600909
www.seilpark-engadin.ch

IN STEIN GEHAUEN

Ausflug ins Val d'Uina

Wer in Sur En direkt am Inn übernachtet, wird vom Rauschen des Inns durch die Nacht begleitet. Der Fluss wird hier von einer gedeckten Holzbrücke überquert. Oberhalb des Dorfes geht es gleich steil aufwärts, das Tal verengt sich, die Strasse hängt hoch über dem in der Schlucht schäumenden Bach an der Bergflanke.

Die Val d'Uina bietet viel Abwechslung, tiefgrüne Weiden, dann kühle Lärchenwälder, den mal ruhig, mal wild fliessenden Bach. Das Tal steigt weiter an. Das Strässchen führt durch Geröll, Blumenwiesen. Immer wieder Erosionswunden an den steilen Hängen. Nach zwei Stunden taucht ein stattliches Haus auf, die Alp Uina Dadaint. Es gibt Bergkäse, Quarkkuchen, Alpenrosensirup. Für Kinder ein Paradies, wenn nicht der lange Schulweg ins Tal hinunter wäre.

Hinter der Weide steigt der Weg steil an. Rechts oben erscheint eine senkrechte Felswand, gut sichtbar ein dunkler Einschnitt, die Route durch die Quar-Schlucht. Vor über hundert Jahren wurde der Durchgang angelegt, früher waren hier oft Schmuggler anzutreffen, die nach Südtirol wollten, heute sind es Wanderer und Mountainbiker.

In steilen Serpentinen geht es hinauf zur Wand, dann ist er da: der Eingang des Schluchtweges, ein dunkles Loch, das in den Fels gesprengt wurde. Wer nicht schwindelfrei ist, kehrt hier besser um. Die Passage ist etwa einen Meter breit. An der Wand entlang führt ein Stahlseil, daran kann man sich festhalten. Ausserdem gibt es an gefährlichen Stellen ein Geländer. Der Weg scheint von einem Verrückten in die senkrechte Wand gehackt worden zu sein. Tief durchatmen, die linke Hand umfasst das Drahtseil. Weit unten rauscht der Fluss.

Nach der Quar-Schlucht folgen ausgedehnte Alpweiden, weiter geht es von der Alp Sursass in die Chamanna Lischana oder zur Chamanna Sesvenna in Italien.

Für viel Nervenkitzel bei Jung und Alt sorgt der Seilpark Engadin direkt am Inn neben dem Campingplatz mit Routen in bis zu 14 Metern Höhe!

80

Burg Tschanüff
7556 Ramosch
www.scuol-zernez-engadin.com/de/unterengadin/ramosch

Hof Zuort
7556 Ramosch
0041 081 8663153
www.zuort.ch

WO DEN WÖRTERN FLÜGEL WACHSEN

Burg Tschanüff und Weiler Vnà

Der untere Teil des Engadins zwischen Scuol und der Grenze zum Tirol hält einige Überraschungen bereit. Ramosch zum Beispiel, der wärmste und trockenste Ort im Tal mit der mächtigen Burgruine Tschanüff. Besonders eindrücklich ist der fünfgeschossige Turm aus dem 13. Jahrhundert. Die Festung wurde mehrmals angezündet und geplündert, um 1522 sogar von jungen Einheimischen. Die fruchtbaren Terrassen am Hang hinter dem Dorf wurden bewässert, hier war die Kornkammer des Unterengadins.

Ramosch ist auch der Heimatort der Dichterfamilie Vonmoos. Schimun Vonmoos (1868–1940), studierte in Jena, Berlin und Heidelberg Theologie. Er war 38 Jahre lang Pfarrer in Ramosch, daneben auch Imker, Jäger, Fischer und Schriftsteller. Seine Nichte Luisa Famos (1930–1974) gilt als die Wegbereiterin der modernen rätoromanischen Lyrik, obwohl ihre zwei Bände nur knapp 50 Gedichte enthalten. Ihre Texte kreisen um existenzielle Themen wie Liebe, Vergehen und Tod, auch die Schwalbe als Symbol der Emigration kommt bei ihr immer wieder vor. Luisa Famos engagierte sich als junge Lehrerin gegen den Ausbau der Wasserkraft, lebte in Paris und später in Zürich, war beim Radio und als Sprecherin beim romanischen Fernsehen tätig. 1969 bis 1972 lebte sie mit ihrer Familie in Honduras. Die Unterengadiner Heimat hat die Dichterin stets geprägt, hier wohnte sie bis zu ihrem frühen Tod.

In Ramosch zweigt eine schmale Strasse ab und führt an der Kirche vorbei hinauf in den kleinen Weiler Vnà, wo Famos an der Gesamtschule unterrichtete. In der kleinen Kirche mit dem asymmetrischen Kirchenschiff fallen die kunstvoll geschmückte Empore und das Wandbild auf. Reizvoll ist eine Wanderung hinauf auf den Piz Arina oder hinein ins Val Sinestra, mit einem Gedichtband von Luisa Famos im Rucksack. Wörter erwandern, Lesen und den Schwalben zuschauen.

Von Vnà aus erreicht man den Hof Zuort im Val Sinestra. Hier wird man im Tiroler Stil mit Kaiserschmarren und Dampfnudeln verwöhnt. Knödel heissen romanisch »Kanedels«.

81

Tschlin
Rund ums Zentrum
Plaz
7559 Tschlin
www.tschlin.ch

Bun Tschlin
Stradun 322
7550 Scuol
0041 081 8640202
www.buntschlin.ch

Zwischen Tradition und Aufbruch

Volksmusik und regionale Produktion im Engadiner Dorf

Am 2. Januar wird in Tschlin der Brauch Mattinadas gefeiert. Am Morgen gehen die zwei ältesten Knaben von Haus zu Haus und sammeln Geld für ein gemeinsames Mittagessen. Weitere Knaben ziehen einen Wagen für die Gaben durch die Gassen des Dorfes. Nach dem Essen spielt eine Kapelle aus Mitgliedern der Familien Janett und Erni auf, und die Kinder tanzen zur Volksmusik.

Volksmusik ist in den Dörfern des Engadins tief verwurzelt. Legendär ist die Fränzlimusik, abgeleitet von Franz-Josef Waser, einem blinden Geiger, der mit seinem Spiel die Leute bezauberte und 1895 mit nur 37 Jahren starb. Bei der Fränzli-Musik spielen Streichinstrumente eine wichtige Rolle. Leider existieren von dieser Musik keine Tonträger. Es ist Steivan Brunies, einer der Begründer des Nationalparks, zu verdanken, dass wenigstens Noten überliefert wurden. Neu belebt wurde die Musik von den *Fränzlis da Tschlin.* Gegründet wurde die Kapelle in der Pension Muttler, die die Mutter der musikbegeisterten Janettbrüder geführt hat. Hier spielten früher bei vielen Festen Kapellen zum Tanz auf. Nach dem Tod der Wirtin wurde das Haus umgebaut, aber wenn die Fränzlis zu Kursen einladen, kehrt das Leben in die legendäre Gastwirtschaft zurück. Dann ertönen Melodien, die an osteuropäische Weisen erinnern.

Tschlin schläft nicht. Neben den Traditionen versammeln sich unter dem Label *Bun Tschlin* verschiedene Anbieter von heimischen Produkten. Flaggschiff ist die *Bieraria da Tschlin.* In der Brauerei in Martina werden aus natürlichen Zutaten und Quellwasser vorzügliche Bierspezialitäten gebraut. Das Biervirus ist ansteckend, im Dorf hat mit der Alpenbrauerei Girun eine zweite Brauerei ihren Betrieb aufgenommen. Bei der Käserei *Che Chachöl* verarbeitet man Ziegen-Kuh- und Büffelmilch zu regionalen Käsespezialitäten. Die Tschliner Betriebe können nach Voranmeldung besichtigt werden.

Die *Fränzlis da Tschlin* sind mit ihren teils melancholischen Melodien auf vielen Bühnen anzutreffen.

82

Reschenpass
auf der Via Claudia
7559 Tschlin
www.reschenpass.it

Altfinstermünz
www.altfinstermuenz.com

DAS TOR INS UNTERENGADIN

Reschenpass (1.507 Meter) nach Mals

Der Reschenpass ist Teil der im Jahr 46 eröffneten Römerstrasse Via Claudia Augusta, die in den Raum Augsburg führt. Ausgangspunkt für eine Fahrt über den Pass ist das im Südtiroler Vinschgau gelegene Mals. Dieser Ort ist auch vom Val Müstair erreichbar. In grossen Kehren geht es zügig hinauf zum aufgestauten Reschensee. Noch ragt aus dem Wasser bei der Gemeinde Reschen der Kirchturm St. Peter heraus, bei Niedrigwasser kann er gemütlich umrundet werden. Die 1919 gezogene Grenze zwischen Österreich und Italien liegt auf einer Hochebene hinter der Passhöhe.

Fährt man Richtung Tirol, so erreicht man auf einer guten Strasse mit Tunnels und Galerien die Gemeinde Nauders oder Danuder, wie die Romanen sagen. Die Festung Nauders sollte als Sperrfort das Inntal vor Einfällen feindlicher Truppen schützen. Heute befindet sich darin ein sehenswertes Museum. Früher führte die Passstrasse direkt hinunter an den Inn und querte ihn bei Altfinstermünz.

Vom Unterengadin her kommend fährt man nach Martina immer auf der linken Talseite. Die Grenzziehung unterhalb von Tschlin war lange umstritten, erst 1868 regelte ein Vertrag den Grenzverlauf. Nach dem Weiler Vinadi, der Abzweigung hinauf ins Tal von Samnaun, erscheint auf der rechten Innseite die Anlage Altfinstermünz. Den wild schäumenden Inn queren wir auf einer zweiteiligen Brücke, die zu einem Wehrturm mit Pechnase führt, der mitten im Fluss steht. Wehe dem Angreifer, der hier mit heissem Pech oder Wasser übergossen wurde! Im 15. Jahrhundert wurde von Herzog Sigmund die Grenzbefestigung Sigismundseck oberhalb der Brücke angelegt, die aussieht wie an den Felsen geklebt. Grund für den Bau waren Zwistigkeiten mit den Engadinern. Die Festung erreicht man durch einen Höhlengang im Felsen. Eine kleine Kapelle und das alte Zollhaus vervollständigen die Anlage.

Das ehemalige Hotel Hochfinstermünz ist immer noch im Originalzustand aus den 1920er-Jahren. Die überdeckte Veranda und die alte Gaststube sind ganz schön schräg!

88

Café Etter
San Niclà 146
7558 Strada
0041 081 866 36 47
www.buntschlin.ch

Museum Stamparia Strada
7558 Strada
0041 081 866 32 24
www.stamparia.ch

AM RAUSCHENDEN INN

Café Etter und Kirche

Im untersten Teil des Engadins darf der Inn vor der nächsten Kraftwerksstufe nochmals frei fliessen. Wer auf dem Inn-Radweg abseits der Kantonsstrasse unterwegs ist, fährt nach Sur En da Sent gemächlich dem Fluss entlang. Unterhalb von Ramosch steigt der Weg abrupt an bis hinauf nach Raschvella. Nach einer zügigen Abfahrt auf steinigem Weg erreicht man San Niclà. Wanderer kommen etwas gemächlicher im kleinen Weiler an.

Gleich am Ortseingang steht das stolze Engadinerhaus der Familie Etter. Bei schönem Wetter macht man draussen im Garten bei Käse und Trockenfleisch Rast, trinkt etwas und lässt die Seele baumeln. In der holzgetäfelten Gaststube isst man königlich, zum Beispiel Kartoffelknödel. Und natürlich darf Cilgias hausgemachte Nusstorte nicht fehlen. Familie Etter bietet auch sieben Gästebetten an. Im alten Bauernhaus mit den knarrenden Holzböden kann man sich nach einer langen Tagestour richtig gut erholen, zu den kleinen Fenstern hinausschauen, träumen … Ausser dem Rauschen des Inns und einigen Kuhglocken herrscht idyllische Ruhe. Ach ja, es gibt auch die Linie *Prodots-Etter*, Produkte aus dem Stall, aus dem Garten und vom Feld: Honig, Salsize, eigenen Käse, Sirup, Konfitüre und vieles mehr.

In San Niclà steht auch eine kleine romanische Kirche aus dem Jahr 1200. An der Südfassade sind noch Teile eines monumentalen Christopherusgemälde zu sehen. Dies weist darauf hin, dass die ursprüngliche Strasse rechtsseitig über Raschvella durch das Tal führte. Die *Fundaziun San Niclà* organisiert in den Gemäuern Konzerte und andere Veranstaltungen. Im Rauschen des Inns hört man das Locken der Ferne, bald schon wird der Fluss durchs Tirol und weiter bis Passau fliessen, wo er sich, vereinigt mit der Donau, auf den Weg zum Schwarzen Meer macht.

Im Dorf Strada existierte seit 1669 eine Druckerei, in der bedeutende romanische Texte entstanden. Im Museum Stamparia kann man selbst in Workshops Papier schöpfen, Texte in Blei setzen und drucken.

84

Samnaun mit Skigebiet

Gästeinformation
Dorfstrasse 4
7563 Samnaun-Dorf
0041 081 8618830
www.samnaun.ch

HINTER HOHEN BERGEN

Grenzdorf als Ski- und Zollfreigebiet

Samnaun wartet mit einem Skigebiet der Superlative auf. Zusammen mit dem österreichischen Ischgl verfügt die kleine Gemeinde in der hintersten Ecke des Kantons über eine Skiarena mit 45 Bahn- und Liftanlagen sowie 238 abwechslungsreichen Pistenkilometern. Ein familienfreundliches Restaurant ist La Marmotta auf der Alp Trida. Auf der Schmuggleralm am Ende der Piste in Samnaun wie auch in den Hütten drüben in Ischgl wird schon am frühen Nachmittag gehörig gefeiert.

Das Samnaun wurde ursprünglich vom Unterengadin her besiedelt. Die Bauern von Ramosch und Tschlin nutzten das Tal im Sommer als Weideland. Der ganzjährige Zugang war lange Zeit nur über Spissermühle im Tirol möglich, so wanderten auch vermehrt deutschsprachige Tiroler im Tal ein, was zum speziellen Samnauner Dialekt führte. 1892 erhielt Samnaun den Zollfreistatus. Erst 1912 wurde die Verbindungsstrasse von Vinadi nach Samnaun gebaut, diese war damals nicht für Motorfahrzeuge gedacht, denn 1900 hatte der Kanton Graubünden ein generelles Fahrverbot für Kraftfahrzeuge verhängt, das bis 1925 bestehen blieb.

Samnaun ist auch heute noch ein von Tagestouristen viel besuchtes Zollfreigebiet. Günstiges Benzin, eine grosse Auswahl an Spirituosen, Schmuck, Parfums und unzählige Markenartikel locken viele Einkaufstouristen ins Tal. In Samnaun-Dorf herrscht auf der Einkaufsmeile so etwas wie Goldgräberstimmung. Auch bietet Samnaun seinen Gästen hochklassige Events. Die Saisoneröffnung wird Anfang Dezember mit dem Clau Wau, der Nikolausweltmeisterschaft, begangen. In Viererteams kämpfen die Athleten mit den roten Mänteln beim Kaminklettern, Schlitteln und Lebkuchenverzieren um den Sieg. Mit Konzerten von Top Acts aus der Rock- und Popwelt bietet die Silvretta-Arena auch zum Saisonschluss einmalige Erlebnisse im Schnee.

Hinter Vinadi liegt direkt an der Strasse die Acla da Fans mit grossem Einkaufszentrum, Tankstelle und einem günstigen Restaurant. Alles zollfrei!